U0054141

後殖民主義

Postcolonialism

陶東風／著

孟　樊／策劃

出版緣起

　　社會如同個人，個人的知識涵養如何，正可以表現出他有多少的「文化水平」（大陸的用語）；同理，一個社會到底擁有多少「文化水平」，亦可以從它的組成份子的知識能力上窺知。眾所皆知，經濟蓬勃發展，物質生活改善，並不必然意味著這樣的社會在「文化水平」上也跟著成比例的水漲船高，以台灣社會目前在這方面的表現上來看，就是這種說法的最佳實例，正因為如此，才令有識之士憂心。

　　這便是我們——特別是站在一個出版者的立場——所要擔憂的問題：「經濟的富裕是否也使台灣人民的知識能力隨之提升了？」答案

恐怕是不太樂觀的。正因為如此，像《文化手邊冊》這樣的叢書才值得出版，也應該受到重視。蓋一個社會的「文化水平」既然可以從其成員的知識能力（廣而言之，還包括文藝涵養）上測知，而決定社會成員的知識能力及文藝涵養兩項至為重要的因素，厥為成員亦即民眾的閱讀習慣以及出版（書報雜誌）的質與量，這兩項因素雖互為影響，但顯然後者實居主動的角色，換言之，一個社會的出版事業發達與否，以及它在出版質量上的成績如何，間接影響到它的「文化水平」的表現。

那麼我們要繼續追問的是：我們的出版業究竟繳出了什麼樣的成績單？以圖書出版來講，我們到底出版了哪些書？這個問題的答案恐怕如前一樣也不怎麼樂觀。近年來的圖書出版業，受到市場的影響，逐利風氣甚盛，出版量雖然年年爬升，但出版的品質卻令人操心；有鑑於此，一些出版同業為了改善出版圖書的品質，進而提升國人的知識能力，近幾年內前後也陸陸續續推出不少性屬「硬調」的理論叢

書。

　這些理論叢書的出現，配合國內日益改革與開放的步調，的確令人一新耳目，亦有助於讀書風氣的改善。然而，細察這些「硬調」書籍的出版與流傳，其中存在著不少問題。首先，這些書絕大多數都屬「舶來品」，不是從歐美「進口」，便是自日本飄洋過海而來，換言之，這些書多半是西書的譯著。其次，這些書亦多屬「大部頭」著作，雖是經典名著，長篇累牘，則難以卒睹。由於不是國人的著作的關係，便會產生下列三種狀況：其一，譯筆式的行文，讀來頗有不暢之感，增加了解上的難度；其二，書中闡述的內容，來自於不同的歷史與文化背景，如果國人對西方（日本）的背景知識不夠的話，也會使閱讀的困難度增加不少；其三，書的選題不盡然切合本地讀者的需要，自然也難以引起適度的關注。至於長篇累牘的「大部頭」著作，則嚇走了原本有心一讀的讀者，更不適合作為提升國人知識能力的敲門磚。

　基於此故，始有《文化手邊冊》叢書出版

之議，希望藉此叢書的出版，能提升國人的知識能力，並改善淺薄的讀書風氣，而其初衷即針對上述諸項缺失而發，一來這些書文字精簡扼要，每本約在六至七萬字之間，不對一般讀者形成龐大的閱讀壓力，期能以言簡意賅的寫作方式，提綱挈領地將一門知識、一種概念或某一現象（運動）介紹給國人，打開知識進階的大門；二來叢書的選題乃依據國人的需要而設計，切合本地讀者的胃口，也兼顧到中西不同背景的差異；三來這些書原則上均由本國學者專家親自執筆，可避免譯筆的詰屈聱牙，文字通曉流暢，可讀性高。更因為它以手冊型的小開本方式推出，便於攜帶，可當案頭書讀，可當床頭書看，亦可隨手攜帶瀏覽。從另一方面看，《文化手邊冊》可以視為某類型的專業辭典或百科全書式的分冊導讀。

　　我們不諱言這套集結國人心血結晶的叢書本身所具備的使命感，企盼不管是有心還是無心的讀者，都能來「一親她的芳澤」，進而藉此提升台灣社會的「文化水平」，在經濟長足發展

之餘，在生活條件改善之餘，在國民所得逐日上升之餘，能因國人「文化水平」的提升，而洗雪洋人對我們「富裕的貧窮」及「貪婪之島」之譏。無論如何，《文化手邊冊》是屬於你和我的。

孟樊
一九九三年二月於台北

序

　　本書最初的緣起要追溯到金元浦兄的美意。有一次在他家聊天的時候，他說起台北的揚智文化正在出版一套《文化手邊冊》叢書，並代叢書的主編孟樊先生向我約稿。我想到最近幾年對於後殖民批評有一些興趣，也看了一些西方的與中國大陸的相關著述，所以就答應寫一本介紹性的小冊子。後來孟樊先生又幾次鼓勵催促，因而終於有了呈現給讀者的這些文字。

　　這本書沒有多少我自己原創性的見解，主要是力求全面地介紹西方的後殖民主義理論。這些理論有一些還是國內學界不太熟悉的，因

而或許有一些參考價值，於推進國內的後殖民批評說不定也能起到一點作用。本書的內容，尤其是基本章節結構比較多地參考了一九九八年出版的里拉·甘地（Leela Gandhi）的《後殖民理論》（*Postcolonial Theory,* Allen & Uniwin, 1998），在此表示衷心的感謝。

陶東風

於北京

目　錄

第一章
後殖民主義、
後殖民理論與後殖民性

一、殖民主義、新殖民主義與　後殖民主義

　　雖然「後殖民主義」（postcolonialism）是一個到本世紀晚期才被學術界廣泛使用的術語，但是這個術語的準確涵義卻必須聯繫此前的「殖民主義」（亦稱舊殖民主義）與「新殖民主義」這兩個相關概念才能得以把握。這三個概念分別是對殖民關係的不同階段與不同特點所作出的理論概括。

　　殖民主義或舊殖民主義是指殖民關係的第

一階段，在時間上被限定在第二次世界大戰以
前，其特點是殖民宗主國在政治、軍事上對於
殖民地國家的赤裸裸的直接統治，殖民地國家
或徹底或部分地喪失了自己的國家主權；而在
理論上對於殖民主義的分析與批判，在源頭上
可以上溯至馬克思，而其成熟形態則是本世紀
初列寧、盧森堡等人的帝國主義理論。

　　在第二次世界大戰以後（即本世紀四〇年
代以後），世界各地的絕大多數殖民地國家在
政治上紛紛獨立，取得了國家主權，並開始擺
脫帝國主義的直接控制。但是由於其他原因，
它們在經濟與政治上仍然無法徹底擺脫對於原
西方宗主國的依賴。冷戰開始以後，這些國家
和地區形成了所謂第三世界，人口眾多、幅員
遼闊、經濟落後，在政治與經濟上都無法真正
獨立。這就是殖民關係的第二階段——所謂的
「新殖民主義」階段。這個階段的相應理論是
二十世紀六〇至七〇年代在拉美國家發展起來
的「依附理論」（dependency theory）或稱「新
帝國主義」理論。它的宗旨是闡述新殖民主義

階段西方發達國家與第三世界國家之間不平等
的政治、經濟關係，力圖表明在二次大戰後出
現的資本主義世界秩序中，西方發達國家透過
自己的技術與金融等方面的優勢，處於世界體
系的中心，掌握著第三世界的命運，使之依然
處於半殖民地或準殖民地的狀態，亦即世界體
系的邊緣，可以說是不叫殖民地的殖民地。

　　如果說殖民主義與新殖民主義主要關注的
是西方宗主國與殖民地國家或第三世界國家的
政治、經濟關係；那麼，後殖民主義理論則集
中關注第三世界國家與民族與西方殖民主義國
家的文化上的關係。也就是說，後殖民主義理
論與帝國主義理論、依附理論不同的地方在於
它特別強調文化問題，是對第三世界國家文化
狀況的一種理論概括。職是之故，後殖民主義
又稱「文化殖民主義」(cultural colonial-
ism)。在後殖民主義理論家看來，第三世界國
家在政治上的獨立與經濟上的成功都並不意味
著它在文化上的自主或獨立。由於第三世界國
家擺脫西方殖民統治的努力常常是借助後者所

謂的現代的方式、現代的語言與文化，這就形
成了一個悖論：第三世界國家的反帝、反殖
民、爭取民族獨立與富強的事業，常常是借助
西方第一世界國家的思想與文化，從而無法擺
脫西方文化的深刻影響與制約（劉康、金衡山，
1997）。

二、如何認識殖民主義的後果

　　後殖民主義理論首先否定殖民時代的結束
必然意味著殖民狀況的解除或原殖民地國家的
眞正獨立自主。如果說殖民時代的結束即標誌
著殖民地國家的完全獨立與世界的眞正平等，
那麼也就不可能出現後殖民理論了。這涉及對
於殖民後果的認識問題。後殖民主義理論認
為，殖民時代的結束給原殖民地國家所帶來的
後果是雙重的。一方面，在二次大戰以後的一
段日子裡，在紛紛獨立的原殖民地國家中曾經
洋溢著一種「再生」（aftermath）的歡欣。有

人把這個時刻看作是一個令人鼓舞的時刻，充
滿了自我創造的歡欣與獨立的喜悅，一種神話
般的狂歡感；但是另一方面，殖民的後果
（aftermath一詞兼有「後果」、「再生草」的意
思）也充滿失敗的焦慮與恐懼，獨立的期望同
時也是一種沈重的歷史重負。人們既感受到創
造一個全新世界的急迫任務，但是這一歷史任
務由於後殖民性（即無法真正獲得政治、經濟、
文化上的獨立）的嚴酷現實而顯得異常艱難。
第三世界國家在現代化進程中不可避免的歷史
延誤與其創新的文化欲望之間，出現了深刻的
緊張與矛盾。

　　殖民主義之後，反殖民的與「獨立的」民
族國家的出現，常常伴隨著忘記殖民過去的欲
望。這種遺忘意志（will-to-forget）採取了一
系列歷史的形式，並被各種文化與歷史的動力
所驅動。一般而言，後殖民的健忘（amnesia，
或譯「記憶缺失」）是歷史的自我創造或重新開
始的欲望的一個表徵，其目的是驅散自身所遭
受的殖民統治的痛苦記憶；但是事實上歷史不

能透過一種簡單的意志行為而得以自由選擇。
許多新出現的後殖民民族國家的所謂「獨立」
是可疑的，而且在其擺脫殖民遺產或影響方面
也是不成功的。換言之，僅僅是對殖民記憶的
壓抑本身絕不等於從殖民統治的令人不快的現
實中真正解放出來。

　　對於殖民之「後」的原殖民地國家與宗主
國之間關係的不同認識，也體現在術語的使用
與理解上。有人在「後」（post）與「殖民主義」
（colonialism）之間用「-」的符號來表示殖民
主義與後—殖民主義具有本質意義的斷裂與區
別；也有人質疑殖民主義與它的再生物——後
殖民主義之間的歷時性的分離，其假設是：後
殖民民族國家的獨立並不意味著殖民主義的終
結，因而不用分隔符號「-」加以分割的「後殖
民主義」（postcolonialism）一詞更能表明殖民
後果的持久性、延續性以及反殖民鬥爭的艱鉅
性。

　　反殖民的革命家與知識份子 A・曼米
（Albert Memmi）指出，如果第三世界的「再

生」修辭是天眞地幻想隨著舊殖民主義時代的
結束，新世界的大廈以及新的主體就會神奇地
出現，那麼它基本上就是一個自欺欺人的東
西，因爲它低估了殖民的歷史在後殖民的今天
的頑強遺留。他說：

> 現在我不認爲壓迫停止的那一天就是新人
> 出現的那一天。事實並不是如此。在我們
> 看到那個眞正的新人以前，被殖民者還將
> 存在很長一段時間。(Memmi, 1968:88)

依據他的理解，後殖民性是一種歷史的狀況，
其標誌是表面的或外在的獨立國家機構與隱藏
的或內在的不自由同時存在。後殖民性是一種
獨立與依附相互纏繞、並存的中間過渡狀態。
在獨立後的原殖民地國家，殖民的知識體系、
思維方式與價值等級卻常常被維持下來，這種
知識與價值的等級強化了愛德華・薩伊德（E.
Said）所說的「可怕的從屬性」(dreadful sec-
ondariness)，裝潢門面的民族獨立不能掩蓋
由殖民占領所導致的政治、經濟，尤其是文化

上的災難性後果。

三、抵抗遺忘

　　既然如此，抵抗遺忘意志就具有重要意義。曼米與薩伊德都認為：民族獨立並沒有導致殖民狀況的終結。這一論斷似乎令人沮喪，但是它卻有益於減輕由激進而天眞的擺脫歐洲的願望所必然帶來的失望。如李歐塔 (Jean-Francois Lyotard) 所言，「後」這個前綴詞表達了一種從頭重新開始的欲望，但是這種樂觀的烏托邦主義卻建立在對於自己歷史的可怕健忘之上，它透過記憶的缺失來形構自己的美妙未來，它不過是一種「遺忘或壓抑過去的方式」而已，一種可怕的健忘症；而歷史與歷史的後果並不因爲人們的遺忘就不再存在或不再起作用。在這個意義上，遺忘實際上「重複過去而不是超越它。」(Lyotard, 1992) 換言之，認爲舊殖民時代的結束即意味著對殖民狀況的超

越的夢想，是一種非反思的態度，它最終只能是延續而不是真正結束殖民的過去。

從某種意義上說，後殖民主義理論的價值就是重新喚起對於殖民歷史的記憶。換言之，作為對於「遺忘意志」的回應，後殖民主義可以被看作是對於健忘症的一種理論抵抗，它的理論任務是提醒人們警惕遺忘的可怕後果。它是一種學術工程，致力於「故地重遊」、重新喚起關於歷史的記憶，深刻地反思殖民的文化後果。這樣的學術使命可以比作李歐塔所說的回憶的心理分析過程：促使病人透過自由地把不聯貫的細節與過去的情景相聯合而勘定當下的問題，允許他們去發現生活與行為中隱蔽的意義。在應用這個程序的時候，後殖民理論就是一個歷史的與心理分析的再發現的複雜工程。它同時還有一個緊迫的政治使命，這就是堅持讓後殖民性的主體 (the subject of post-coloniality) 帶著自己存在狀態中的裂痕與歧態而生活著，哪怕這樣作很痛苦。這種痛苦是不可避免的，因為後殖民的狀況本身就是充滿

　　矛盾的。更有學者指出，如果後殖民性常常讓人記憶起它的殖民壓迫的起源，那麼，它也應當在理論上促使人們重新思考殖民權力的誘惑，思考在殖民者與被殖民者之間存在的既對立又妥協、互滲的複雜關係。在下面的章節中，我們還將一再回到這個問題。

　　如上所述，後殖民批評十分關注記憶問題。在評論後殖民理論的先驅、阿爾及利亞民族解放運動的核心人物法農 (F. Fanon) 的《黑皮膚，白面具》(*Black Skin, White Masks*, 1967) 一書時，著名的後殖民批評家霍米‧芭芭 (Homi Bhabha) 曾指出：

> 記憶是殖民主義與文化身分問題之間的橋樑，記憶 (memory) 絕不是靜態的內省或回溯行為，它是一個痛苦的組合 (re-membering) 或再次成為成員的過程，是把被肢解的過去 (dismembered past) 組合起來以便理解今天的創傷。(Bhabha, 1994: 63)

　　值得指出的是，memory一詞有「記憶」的
意思，也有「組合」、「再次成爲成員」的意思。
芭芭的意思是，後殖民的主體要想抵制遺忘，
就必須重新組合過去的經驗，回到過去，再次
成爲過去那個被統治的、蒙受屈辱的成員。作
爲深受精神分析理論影響的後殖民批評家，芭
芭對於記憶的治療力量的解釋基於以下信念：
記憶是意識存在的結構性基石。雖然有些記憶
是可以意識到的，但是另外一些則被封死在潛
意識中，並導致日常生活中一些似乎不可思議
的徵兆。當分析者（在芭芭那裡就是理論家）
幫助後殖民的主體把受壓抑的記憶釋放出來
時，這些徵兆就能得以減輕；而分析的過程則
受拉岡的方法指導：理性主義的「我思故我在」
的眞理被改寫爲「我思於我所不在，我在於我
所不思」（I think where I am not, therefore
I am where I do not think）。

　　在恢復文化身分與歷史過去之間的連續性
的過程中，還要求理論家識別兩種遺忘的類
型。一種是對於記憶的壓抑，一種是對於記憶

的神經病式的否認。如果說前者掩蓋了大量的
痛苦記憶，那麼，後者則傾向於把令人不快的
過去（記憶）轉化爲充滿敵意的胡言亂語。被
這種否定所驅逐的記憶與意象成爲「與主體的
象徵性的對立物」，成爲與受傷的自我相對抗
的異己之物。

　　後殖民的遺忘或再生神話兼有壓抑與否認
兩種類型。它一方面不願意回顧痛苦的歷史記
憶，另一方面否認並以烏托邦的方式驅逐記
憶。相應地，作爲一種治療方式的後殖民批評，
也就必須要求對後殖民狀況的重組／重新記憶
（re-membering）發揮兩個功能，一是要認識
到舊殖民主義結束以後，殖民暴力依然是陰魂
不散，無所不在，二是要透過重新喚起記憶來
使得殖民的過去變得更熟悉，因而也更能把
握。當然這是極其困難的，去講述自己的屈辱
歷史就是被迫去挑戰一個人自己的局限，而迴
避自己的屈辱歷史則無異於繼續甘受奴役，讓
暴力繼續存在下去。

四、西方／東方、主人／奴隸

　　從這裡可以發現，殖民者與被殖民者之間存在一種矛盾的、共生的關係。曼米指出：揮之不去的殖民統治遺留，只有在我們願意承認殖民者與被殖民者雙方的互動行為時才可能得以消解。殖民的狀況把殖民者與被殖民者鎖入了一種相互依賴的關係中，形塑了他們的相關特徵，指導他們的行為；而指出統治者與被統治者之間的這種互動性，實際上是嘗試理解欲望的循環（circulation of desire）這個令人迷惑的現象。殖民者的殖民欲望是顯而易見的，但是揭示被殖民者的倒轉的欲望（「從奴隸到將軍」）則要困難得多。曼米發人深省地問道：「被殖民者為什麼能夠如此殘酷地否定自己？為什麼他們能夠既痛恨殖民者但同時又如此崇拜他們？」（Memmi, 1968:45）為了解釋後殖民條件下殖民的複雜性，有必要對於權力運作的複

雜機制作更加深入的了解。雖然權力的內在本質是強制性的，但是它的運作卻常常是隱蔽的、迷惑人的。後殖民理論家吸收傅柯 (M. Foucault) 的觀點指出，權力的運作常常經過了一系列令人迷惑的「自我包裝」。雖然權力可能透過強力的展示與實施而表現自己，但它更可能透過似乎超越的、無功利的文化啓蒙的面目出現。透過這一包裝，權力既作爲政治的限制又作爲文化的可能性而把自己呈現出來。權力既是有權者與無權者之間的本質區別，又標示出一個可以占據的想像空間，一個可以模仿的文化模式。正如傅柯所說的，權力的排斥性是與它的網狀的包容性相配套的：

> 權力是透過網狀的組織而被使用與實施的，個體不只是在網線中循環（流動），他們還總是同時處於實施這一權力的位置上。他們不只是權力的被動的靶子，而且也是權力流通的構件。換言之，個體就像是權力的載體而不是權力的固定崗位。

(Foucault, 1980:98)

最有效的權力運作是透過其對象的協作（collaboration）來實施的。但是傅柯的思想中更加精細的一點是：這種表面上的「協作」實際上是權力的滲透性與遍在性的徵兆。一旦權力使自己潛入其犧牲之中，那麼「協作」現象就是不可避免的。因此，如果權力能夠作為一種「臣服」（subjection）的形式而被把握，那麼，它同時也是一個透過特定的個體並在特定的個體內部「主體化的」（subjectivised）過程。依據傅柯，沒有什麼外在於權力的東西。權力總是並已經是無所不在的（Foucault, 1980）。

在《內部的敵人》（*The Intimate Enemy*, 1983）一書中，後殖民批評家南迪（A. Nandy）用傅柯的理論指出，現代殖民主義歷史地證明了傅柯的理論，而且它還是一個權力轉變其方式並第一次開始確立慷慨（profusion）戰略的歷史轉折點。此書歷時地區別了不同的殖民主

　　義類型，第一種即是我們說的舊殖民主義，它
把自己的焦點集中於對於領土的物理占領；第
二種則關注文化與心理的占領，大致相當於我
們說的文化殖民主義。如果說第一種殖民主義
的盜匪模式（bandit-mode）是更帶暴力色彩
的，那麼它也是比較淺層次的；而第二種是以
理性主義者、現代主義者以及自由主義者為先
鋒的，這種殖民主義爭辯說，殖民主義實際上
是對於野蠻世界的文明開發的先驅。

　　這表明，現代的殖民主義當然要依賴於軍
事力量，但此外它也透過設立殖民者與被殖民
者之間、東方與西方之間、文明與野蠻之間、
發達與不發達之間的主體與知識的永久等級秩
序而實行另一種暴力──知識或文化的暴力。
被殖民者被設定為殖民者的對立的或消極的形
象。為了把歐洲呈現為文明之地，被殖民的世
界就必須被貶低為野蠻原始之域。南迪指出：

　　　　除了統治軀體以外，殖民主義還統治心
　　　　靈，它在被殖民社會的內部釋放力量以便

一勞永逸地改變其文化。在此過程中，它
把現代西方的概念從地理與時間的實體中
普遍化爲一種心理的範疇，現在，西方是
無所不在的，既在西方的內部也在西方之
外，既在結構中也在心靈中。（Nandy,
1983:xi）

簡單地說，殖民主義標誌著西方嘗試系統地取
消或否定「非西方」（世界）的文化差異與價值
的歷史過程。

　　南迪的心理分析式的解讀使人想起黑格爾
的主人／奴隸關係典範。事實上，每當後殖民
理論研討所謂「他者」──被設定的被殖民者
的本質──的時候，它就令人想起黑格爾的這
對範疇。黑格爾在他的關於主人與奴隸的筆記
中指出，人類只能透過他人的承認獲得認同。
每個自我的面前都有另一個自我，自我就是透
過這另一個自我而確保其身分認同。最初這兩
個對抗的自我之間存在敵意，都以消滅對方爲
目的，因而出現了（暫時地）一者接受承認而

另一者施以承認的情形；然而歷史真理的最終
顯現要求這種承認是相互的與普遍的。但是，
殘酷的歷史並不是如此，特定的人類奴役史與
黑格爾的期待似乎並不相符。

　　在奴隸與主人的關係中，只有主人得到承
認，而奴隸則成爲依附性的「東西」，其存在是
由得勝的他者（也就是主人）形塑的。或者如
沙特（J. P. Sartre）所說的：

> 我被他者所擁有，他者的眼光赤裸裸地形
> 構我的軀體，把它如此這般地生產出來，
> 用與我永遠不用的方式看它，他者擁有我
> 是什麼的秘密。（Gendzier, 1973:31）

對於殖民狀況的後殖民再發現，首先要作的就
是嘗試把殖民者與被殖民者的關係顯示爲黑格
爾的主人與奴隸關係的歷史體現。當然，後殖
民理論不能就此止步。因爲如果歷史是主人統
治奴隸的紀錄，那麼它同時也帶有奴隸拒絕承
認主人的優越性的證據。正如南迪說的，後殖
民理論同時也要認眞看待並發掘對於殖民主義

者的所謂「開化使命」的心理抵抗。借用沙特的話說：

> 我要求擁有成為我自己的權利，也就是說，我希望重新發現我之所是，我就是重新發現我的存在的工程。(Gendzier, 1973: 31)

五、甘地與法農：後殖民主義理論的兩位先驅

殖民主義並不隨著物理與軍事意義上的殖民占領的結束而結束，但是對於殖民主義的心理抵抗則在殖民統治行為一開始的時候就存在了。對於後殖民主義批評家而言，有必要充分認識存在並活躍於殖民過去的反抗動力，書寫另一種歷史，即反抗的歷史。這個任務要求不僅要把反殖民的抵抗行為視作可以理論化的，而且要把它當成以其自身的原因可以充分理解的理論事件。

　　在後殖民批評的先驅甘地（M. K. Gand-hi）與法農這樣的歷史人物身上，我們可以找到最初建構後殖民理論的嘗試。甘地與法農對如何發現後殖民自我（postcolonial self）的問題作出了極為不同但又相互關聯的闡述。澳大利亞研究後殖民主義的學者里拉・甘地（Leela Gandhi）認為，如果說甘地是透過宗教—政治詞彙闡釋這個問題，那麼法農則屬於沙特的存在主義的人文主義；如果說甘地與英帝國主義的相遇產生了非暴力的神學，那麼，法農對於法國殖民主義的經驗則生產出對於集體暴力的拯救價值的教條主義信奉（Leela　Gandhi, 1998:18-19）。

　　但是這兩個革命的思想家在經歷上存在相似之處。他們都是在西方宗主國完成學業（甘地學律師，而法農學心理治療），同時都是在第三世界形成自己的後殖民理論的基礎（南非與阿爾及利亞）。也許正因如此，他們的後殖民理論都不帶民族主義色彩，都警惕民族菁英，都不加入民族主義政黨，貼近不被承認的大眾，

他們都有一個反抗總體化的、殖民開化使命的
政治文化侵犯的激進風格。

　　這個總體解放的工程要求被殖民者拒絕殖
民主人的承認特權。這一不屈不撓的被殖民主
體形象出現於甘地的 *Hind Swaraj* (1909) 中。
然而具有細微差別的是，法農對於被殖民主體
對歐洲文化的抵禦能力是樂觀自信的，而甘地
則爲印度人爲西方的物質文明俘獲而深感痛
心，他沈痛地對自己的同胞說：

> 你們爲什麼忘記了正是我們對於他們（西
> 方人，引者）的文明的採納使得他們在印
> 度的存在成爲可能。你們對於他們的恨應
> 當轉化爲對於他們的文明的恨。(Gandhi,
> 1938:66)

　　在甘地與法農對於文化殖民主義的拒絕
中，他們透過不同的策略，一致嘗試把反殖民
的抗議之聲轉化爲獲得獨立於歐洲的創造性
的、自主性的鬥爭。正是這種對於創造性 (crea-
tivity) 而不是本眞性 (authenticity) 的強調，

使他們一方面把民族解放的事業視作對於歐洲
文明的超越，並拒絕承認被殖民主體的所謂「先
天不足」；另一方面又避免了一種懷舊心理與
對於前殖民的社會與文化的不加批判的回歸。
強調這一點具有特別重要的意義。在法農的《地
球上受苦受難的人們》(*The Wretched of the
Earth*, 1990) 中，我們可以發現法農對於「回
歸自然」持否定態度；而甘地對於西方的質疑
同樣配合著對於自己的宗教與社會傳統的批判
性的反思與修正。他們都要創造一個既不同於
宗主國，又不同於本土傳統的嶄新未來。法農
的革命敘述對於創造的信念充滿強烈的信奉：
「真正的飛躍在於把創造精神引入存在之
中」；而甘地則把自己的反殖民的事業視作「發
現新的政治形式的科學實驗」。

　　法農的《黑皮膚，白面具》一書呼應黑格
爾與沙特，把被殖民的奴隸狀況診斷為「亦步
亦趨」的症候。法農認為，主／奴關係培養出
一種新的、使人喪失創造能力的不滿與怨恨，
奴隸對於主人既充滿了嫉恨又充滿了羨慕，他

要變得與主人一樣,因而比黑格爾的奴隸更少獨立性。在黑格爾那裡,奴隸尚且力爭脫離主人而走向獨立;而在這裡,奴隸趨向主人,想要取主人而代之。這種對於主人的嫉羨交加的心理使得奴隸注定成為衍生性的存在(derivative existence),這不是真正意義上的解放,而恰恰是創造性的喪失。用甘地的話說,這些人「要的是沒有英國人的英國統治,是老虎的本質而不是老虎。」(1938:30) 在甘地看來,唯一的解放之途是把「老虎的本質」(主人/奴隸的關係邏輯) 本身視作是邪惡,並斷然加以拋棄。

甘地與法農解構西方文明的有力嘗試,迫使奴隸 (被殖民主體的比喻性的形象) 把自己的歷史視作主人的可怕結果。真正重要的「不是把自己看作主人,或透過主人的形象來看,而是促使奴隸在主人之外看自己(to see itself beside the master)」(L. Gandhi, 1998:21)。這樣,他們就能夠重寫西方現代性的歷史,把被壓迫的、邊緣化了的現代性的犧牲品的形象

包含進去。在這個修正的現代性的歷史中，工業化過程講述的是經濟剝削的故事，西方人自詡的「民主」因對於婦女參政呼聲的壓制而大打折扣。他們批評西方現代性的結構性暴力，譴責歐洲的「進步」和人文主義神話。總之，法農與甘地對於西方文明的批評集中闡明了概括了殖民主體在道德倫理上的不可欲與不適宜。

第二章
後殖民主義與
其他西方理論

　　毋庸置疑的是，在八〇年代以來的十多年時間裡，後殖民主義在推進殖民與帝國問題研究方面產生了重要作用。但是，在對帝國主義主題的學術關注方面，後殖民主義理論絕不是獨一無二的或開創性的，它在概念與方法上都與此前的「西方」理論，尤其是後結構主義相關。

一、馬克思主義、後殖民主義與
##　　後結構主義

　　那些把後殖民理論視作是對於殖民問題的

「新」貢獻的人，常常不提馬克思主義的反帝
國主義理論。本世紀初以來，馬克思主義者列
寧、盧森堡以及布哈林等人，有力地闡明並迫
使西方世界承認，殖民主義的歷史是西方出現
的市場社會的必然產物，也是隨之而來的資本
全球化的衍生物。對於這個問題的研究雖然並
不鮮見，但是馬克思主義的帝國主義理論卻少
有繼承者。很少批評家嚴格地繼續馬克思對於
帝國主義的批評，而繼續了這個批評的人又激
烈地反對流行的後殖民主義正統理論。阿賈
茲‧阿曼德（Aijaz Ahmad）就強調馬克思主
義與後殖民主義在理論與政治上的不相融性，
他說：

> 我們不應當這麼熱衷於談論殖民或後殖民
> 主義，而應當談論資本主義的現代性，後
> 者只不過在特定的時空中採用了殖民的形
> 式而已。（Ahmad, 1995:7）

而後殖民主義的分析反過來又很少承認它在知
識系譜上與馬克思主義的聯繫。事實上，它與

馬克思主義的關係常常是否定性的。在這樣作的時候，後殖民主義受到一種假設的誤導：馬克思主義沒有能夠指向對於殖民歷史與殖民意識形態的整體批判。

詹明信（F. Jamson）就把後殖民主義與馬克思主義加以對立：

> 一個流傳廣泛的觀點認爲，資本主義導致不發達情況的加劇，認爲帝國主義系統地削弱它的殖民地區與依附地區。這種假設在馬克思主義的帝國主義理論中是不存在的，而且與這種理論處處矛盾。（Jamson, 1990:47）

由於馬克思主義對於資本主義發展的這種獨特解讀，馬克思主義不能把殖民主義理論化爲西方與它的「他者」之間的剝削關係。相應地，它也忽視了對於被殖民世界的歷史的、文化的、政治的差異的同情。職是之故，馬克思主義失去了它對於後殖民主義思想的潛在號召力。那麼，後殖民主義開始於何處呢？它的理

論來源是什麼？

　　雖然薩伊德的《東方主義》(*Orientalism*, 1978) 被廣泛地認為是後殖民主義的開山之作，但是沒有給予充分注意的事實是，這個具有促生性的文本 (ur-text) 及其後繼文本，是在以傅柯與德希達 (J. Deriida) 為代表的後結構主義的氣氛中產生的，尤其是傅柯的話語 (discourse) 理論〔主要表現於《知識考古學》(*The Archaeology of Knowledge*, 1972) 與《規戒與懲罰》(*Discipline and Punishment: The Birth of Prison*, 1977) 中〕，激發薩伊德去嘗試分析東方主義的原理與運作機制；另一個後殖民主義的代表人物史碧娃克 (G. Spivak) 則從翻譯德希達的《語法學》(*Of Grammatology*) 起家。她以後的後殖民研究在理論上則在傅柯與德希達之間穿行。

　　有些批評家把後殖民主義與後結構主義的「聯姻」歸結為一種學術時尚，而事實上，與後結構主義的這種關係也的確使得後殖民主義在宗主國的學術主流中獲得一種特權。後結構

主義透過它對於西方文明的西方式的（來自西方內部的）批判工程，爲後殖民主義研究提供了實質性的動力與支點。在借用這些批判理論與批判術語的時候，後殖民主義還繼承了它對於西方統治十分獨特的理解，即把西方統治理解爲權力與知識之間有害的結盟。因此，在擺脫馬克思主義的經濟典範的時候，後殖民主義透過後結構主義而學會了把殖民主義的物質結果與涵義診斷爲深藏於西方理性核心處的認識論謬誤；同樣是透過後結構主義，後殖民主義也學會了對於宏大敍述（grand narrative）的拒斥，發現並毫不留情地質疑馬克思主義中普遍主義與西方中心主義。

雖然在思考差異問題的時候，德希達與傅柯都沒有直接論及後殖民主義問題；但是他們都曾經認爲，西方的理性是法西斯主義的與帝國主義的，他們把殖民主義的經濟統治和政治霸權與西方的知識和理性結合起來，挑戰西方文化與西方認識論的普遍性。正是在這種挑戰中，史碧娃克發現了後殖民主義思想的曙光：

　　我最初是在哪裡長大的？在我初讀德希達
的時候，我不知道他是誰，我感興趣的是
他實際上從內部瓦解了西方的哲學傳統。
我們當然是在印度的教育制度中長大的，
在這個制度中，哲學的主角的名字是普遍
的人，我們被告知，如果我們能夠開始研
究這個普遍的人的國際化，那麼，我們也
能夠成爲這樣的人。當我在法國看到有人
努力瓦解這個傳統的時候，我爲之深深著
迷。(Spivak, 1990:7)

　　史碧娃克所說的「整個傳統」（德希達與傅
柯所解構的傳統），就是西方的人文主義（hu-
manism）傳統。「人文主義」是一個引起爭議
的術語，基督教、基督教的反對派、科學與反
科學、馬克思主義、存在主義、人格主義、國
家社會主義、史達林主義，一度都曾掛著人文
主義的標籤。但是不同的人文主義都贊成：人
類都有一個普遍的本質，而且這種本質體現在
一種共同的理性語言中。爲了捍衛這種信念，

馬克思主義的闡釋者，如哈伯瑪斯（J. Haber-
mas）、詹明信辯稱：人文主義堅信合格的個
體之間在關於人化的、進步的、正義的社會秩
序的問題上，存在理性的普遍的共識；而後結
構主義與後現代主義的反人文主義者認為：關
於理性共識的、普遍性的或規範性的假定都是
極權主義的，都敵視來自他者與差異的挑戰（L.
Gandhi, 1998:27）。

　　對於這些反人文主義的批評家來說，「理
性」與「人類本質」的觀念本身就是歷史的建
構，因而必然帶有歷史的局限。這個觀念必然
導致受後結構主義與後現代主義影響的後殖民
主義批評家對於文化差異性的關注。同時，馬
克思主義的人文主義與後殖民主義的反人文主
義的爭論，在倫理學與政治學的主體問題上也
依然沒有解決。如馬克思主義指出的，政治動
員與倫理原則必然要求跨文化的共識，而對於
像李歐塔這樣的後現代主義者，達致共識的過
程必然被「話語／交談的帝國主義」（conversa-
tional imperialism）所破壞。李歐塔認為，參

與政治──倫理對話的人很少是平等的，他們幾乎從來沒有平等地出現在所謂「最後的共識」中。就這種對話總是已經被有計畫地指向一個事先決定的目的──如理性或正義──而言，它總是在一個可能性的領域中行進，而這些可能性是有限的，是一開始就預設了特定的結果的。其中的一個參與者總是比另一個知道更多，後者的世界觀總是在達致共識的過程中被修正。李歐塔認爲，思想的等級只有透過拒絕「共識」才能得以顚覆。這樣，後殖民主義者就發現自己夾雜在兩種理論的中間：堅持普遍人類本質的不可能性的後結構主義與認爲缺乏一致性就不可能有有效的政治行爲的馬克思主義。

　　在理解後殖民主義與人文主義的複雜關係時，有必要區別兩個在時間上不同、但是在意識形態上或許交叉的人文主義傳統。第一種是開始於十六世紀文藝復興時期的義大利、逐漸成爲我們今天所說的人文科學的文化與教育規劃的那種人文主義（文藝復興的人文主義，關

於這種意義上的人文主義請參見下一章的有關
介紹）；第二種人文主義與後殖民主義的關係
更緊密，它基本等同於培根、笛卡兒、洛克、
牛頓等人在哲學上開創主體性理論與知識理
論。這個哲學與科學的革命據說在十八世紀得
到發展，並逐漸被信奉爲啓蒙主義（啓蒙主義
的人文主義）。

　　在十六世紀義大利的文藝復興的人文主義
與十八世紀歐洲的啓蒙主義的人文主義之間存
在巨大差別；但是它們在人類中心主義與抬高
人類主體方面是一致的。如笛卡兒說的，人是
我們一切思考的起點。正是人的存在使得其他
的一切存在變得有意義。相應地，人性的狀態
（the status of humanness）是與知識問題糾
纏在一起的。這兩類的思想家都假設了在人之
所是與人之所知之間的共生的與相互的聯繫。
但是他們強調的重點不同。文藝復興的人文主
義及其繼承者堅持人是透過他的所知的事物
——即透過他的知識與教育的內容而使自己成
爲人，因而它首先關注教育學（教學法）；而啓

蒙主義的人文主義把「人性」視作人類藉以認
識事物的方法的一種功能，因而它關心的是認
識論的結構，或知識的有效性的基礎。它改變
了我們的自我觀念以及了解自我的方式，它促
生了對於主體性的現代理解。

　　雖然兩種人文主義都聲稱人是萬物的尺
度，但是對於人的「弘揚」實際上總是伴隨等
差原則：有些人比別的人更加人性——更博學
或有更出色的認知能力。這些人文主義的「潛
台詞」，最明顯的是表現在麥考萊（T. B.
Macaulay）在一八三五年關於把英國文學引
入殖民地印度時的一段話：「支持東方教育計
畫的委員會成員一致承認西方文學的優越性。」
（Said, 1983:12）西方人文主義的基礎部分
（underside）生產出這樣的信念：由於有些人
比別人更加人化（合乎人性或體現了人性），因
而他們更是萬物的尺度。當這個等差原則應用
到東西方民族時，就成為殖民主義的有力理論
武器。

二、啟蒙主義與殖民主義

　　一七八四年，康德在〈什麼是啟蒙？〉（"What is Enlightenment？"）中指出，啟蒙給人提供了從不成熟到成熟的途徑。啟蒙是一種可能性，透過他人在哲學上獲得作為理性的、成熟的存在的地位與能力。

　　有意思的是，大約二百年以後，傅柯也寫了一篇同題文章〈什麼是啟蒙？〉。在文章中傅柯意味深長地暗示：啟蒙主義的理性工程遠未完成，啟蒙主義的歷史事件「並未使我們成為成熟的成年人。」（Foucault, 1984a:49）與其說傅柯是在哀悼我們在「成長」道路上的集體失敗，不如說是在諷刺康德式的「成熟」概念的局限性以及超越這一概念的迫切性。如果說康德的哲學要求我們以普遍的方式存在、認知與活動，那麼，傅柯對此的回應則是強調使我們成為我們的偶然性（contingency），並使這

種偶然性歷史化。只有透過這個過程，才能解放人類存在中的差異性 (difference)，才能發現「不以我們所是／在 (being)、所作、所思的方式是／在、作、思的可能性。」(Foucault, 1984a:46) 對於後殖民主義的理論來說，傅柯對啓蒙理性所提出的最有意義的問題之一，是關於康德的下列假定：啓蒙的理性為所有的人類提供了成熟的可能性。在傅柯看來，康德的「人類」概念是非歷史的，是規定性的而不是描述性的，康德不是考察人類本質的人種差異，而是把人類存在的普遍結構限制在成年人的、理性的、規範性的狀態，這種所謂「理性」本身是產生於歐洲社會特定歷史的一種價值，因而並不具有普遍性。這種對「人性」的理解，事先就排除了與另一種做人的方式與對話的可能性，它把「非成年」(non-adult) 當成了非人 (inhuman)。無疑，啓蒙主義的這個關鍵性的區別在地緣政治上的結果，就是導致在歐洲的「成年性」與其幼稚的被殖民的「他者」之間設置了帝國主義式的等級秩序。在這個意義上

說，啓蒙主義話語本身內涵了殖民主義的因
子。

　　後殖民理論認識到，殖民話語是透過成
熟／幼稚、文明／野蠻、發達／不發達、進步／
原始這樣一些僵化的對立來把自己合理化。所
謂「幼稚的狀態」與被殖民狀態之間被人爲地
對應起來。Kiernan指出，把非洲人視作未成年
人，這樣的觀點是根深柢固的。歐洲人懷疑非
洲本地人是否有靈魂、有頭腦、能否長大。有
一種時髦的理論認爲，心智的進化在非洲早就
已經停止。把殖民地的文化視作幼稚的、「小孩
子的」文化，就培育出了「文明化的使命」的
邏輯，這是一種「監護的」形式（就像大人監
護孩子），或者是一項把被殖民者帶向成熟的
超功利的工程。他們把殖民主義視作一項「開
發」的工程，也就是說，殖民者是一個開發者
與教育者。如上所述，爲殖民主義的這種辯護
來自啓蒙主義，即認爲歐洲的理性具有優化所
有人性的可能性。相應地，那些已經理性化的
歐洲人就有了從他們的解放信念出發，傳播福

音的使命或天職。已經文明化的人（西方人）
肩負著使其他的人類（非西方人）文明化的使
命。

　　康德對於啟蒙的闡述產生了各種關於殖民
主義的解釋。對於馬克思來說，英國殖民主義
的功績彌補了它的暴力與非正義，可謂功過相
當。在馬克思看來，「不管英國犯了什麼罪，它
依然是歷史的潛意識的工具」。英國把印度從
一個野蠻的國家提升到現代性的階段。為了反
駁這種邏輯，我們可以引用李歐塔的觀點：「不
成熟」與其說是意味著現代性的失敗，不如說
是意味著真正合乎人性的哲學的可能性。如果
啟蒙主義透過侵犯性的「成人的」理性來尋求
人道主義，那麼，後現代性的使命就是營救「童
年的」哲學的不確定性：兒童是更為人性的，
因為它使得預言家的預言落空，它敞開了各種
可能性，它在人性方面最初的遲到（initial
delay in humanity）既使得它成為成人共同體
的「他者」，同時也表明了這個共同體的缺乏人
性，要求它變得更加人性。

這是對於康德理性觀的一個挑戰，從後殖民研究的角度來看，李歐塔對於「人」與「非人」的界限的解構，有助於從西方哲學內部消解殖民主義所謂文明化使命的邏輯。

三、意識主體、知識以及權力 ——笛卡兒主體哲學批判

誕生於十七世紀二〇年代前後的笛卡兒哲學，標誌著西方哲學中反不可知論的世俗主義的決定性勝利，也標誌著笛卡兒把人放在認識論的中心，把人文主義堅定地當作特定知識的基礎以保證知識的「確鑿性」。從發生學的角度說，笛卡兒的哲學產生出了一系列關於「自我」的觀點以及對於自我與知識、自我與外界之關係的理解。最具核心意義的是，笛卡兒建構了一個自我決定的、無所不知的、強大有力的意識主體。

笛卡兒認為我們所知道的一切東西都是可以懷疑的，唯有意識的主體是不可懷疑的。他

說，雖然我們可以懷疑外在世界的存在，但是
我們卻依然知道自己存在。即使當懷疑的能力
指向思想的行為並為此而痛苦的時候，這也反
過來為自我意識的存在這一事實提供了前提。
所以「我思故我在」。悖論式地，我的存在的確
定性是透過我的懷疑的非確定性（the uncer-
tainty of doubt）來確立的。所以「我思」使
得心智比事物更加確定，而我的心智則比別人
的心智更加確定。這樣，所有從笛卡兒繼承下
來的哲學都認為，只有參照心智已經知道的東
西，事物才是可知的。這一哲學的關鍵在於，
無所不知的意識主體——我們對於世界的知識
是它保證的——只不過是自我意識的自戀。正
如傅柯指出的，世界被描繪成為一個巨大的鏡
子，人作為無上的超越者進入了西方知識的舞
台，他是這樣的一個存在：帶有使一切知識成
為可能的知識。

　　笛卡兒對於人類主體的認識論可能性的推
崇，必然伴隨對於加諸外在客體世界的權力與
自由的肯定。這種內在於知識的權力觀認為，

只有當自然是神秘不可知的時候，它才是威脅
性的。爲了回應這種威脅，對於「我思」的詳
細闡述將外在世界的多元性與複雜性還原爲心
智的熟悉的內容。這開始了根據主體的理性或
數學的術語在形式上統治外界事物的可能性，
數學因而被認爲最能體現理性的功能。

　　但是正如韋伯（Max Weber）指出的，對
於世界的數學認知，最終是對於其內在的價值
與意義（這種價值與意義是不能量化的）的「盜
竊」，而竊賊就是那個在被賦予強力的意識主
體。「沒有神秘的事物，一切都可以透過計算加
以把握，這意味著世界已經被祛魅（disen-
chanted）」（韋伯）。數學地思考世界，要求還
原式地把一些抽象的數學原理應用於特殊事物
的多元性，要求從理論到實踐而不是相反。

　　在這個意義上，笛卡兒的「數」是啓蒙主
義的普遍主義的基礎。它提出了一種整齊劃一
的思想方法，這種方法認爲，如果所有的事物
都可以透過同樣的方法加以把握，那麼它們最
終就是同一的。這就是傅柯所說的「強加於事

物的秩序的歷史就是同一的歷史（a history of the same）」，而這些所謂的普遍知識的歷史，與自我同一的主體性的歷史，反過來由人文主義的衝動提供動力，「讓我們成爲自然的主人」（笛卡兒）。這也就是培根所說的「知識就是權力」。人的主權隱藏在知識中。問題是：誰的主權？什麼人？什麼歷史？這就是後殖民、後現代主義對於啓蒙主義以及笛卡兒的質疑。正如《不列顛百科全書》所說的，十八世紀的理性進步，使人類獲得了武裝征服與暴力統治不能獲得的榮譽，它沒有把知識從征服的暴力中分離出來，而是把它視作比暴力更爲強大的統治力量。

四、尼采與反人文主義

在西方現代思想史上反笛卡兒主義的傳統中，韋伯、海德格（Martin Heidegger）、法蘭克福學派（Frankford School）、傅柯、德希

達、李歐塔等，都十分警惕西方理性主義所隱含的權力，也都深受尼采的影響，批判西方文化的認識論自戀（epistemological narcissism）以及那個自我界定、無所不知的意識主體。

　　尼采的批判指向兩個基本的人文主義神話：純粹起源的神話以及進步與目的論的解放神話。傅柯把尼采對於人文主義的批判概括爲挖掘起源的考古學場所，以顯示所有人類的機構、觀念、概念的歷史起源的缺乏。西方的人文主義者把起源視作「在」（presence）與「眞理」(truth)的場所；而尼采的考古學則只能在人類歷史的起始處發現怨恨、貪婪、偷盜等的遺跡。不存在「創世紀」的純粹性，創世紀的觀念本身就是爲了掩蓋起源的貧乏。

　　尼采的破壞性努力預示了當代解構主義哲學的方法與內容，後者也致力於清理被西方人文主義遺忘的檔案，以顯示其斷裂、悖謬以及矛盾百出。在德希達看來，所有關於解放的社會話語的開端都表明了道德與非道德擁有一個

共同的起源，表明了西方的倫理學有一個不合乎倫理的起始。雖然「思」的主體或許不知道自己的局限，但是理性的、不平衡的歷史證實了笛卡兒工程的失敗。傅柯說，對於真理的獻身、科學方法的精確性起源於學者的激情、相互之間的憎恨以及使用「理性」武器進行的人際傾軋——理性是在人性的逐漸敗壞而不是解放中實現自己的邏輯。「我思」現在表現為從罪惡到更大的罪惡的墮落的進化（perverse evolution），用傅柯的話說：

> 人性不是逐漸地從戰鬥走向戰鬥，直至達到一個用法律規範最終取代了戰爭的普遍的互惠性，而是在規則的系統中安置它的每一個暴力，因而是從統治走向統治。
> （Foucault, 1984b:84）

尼采對於西方人文主義目的論的批判被後結構主義與後現代主義吸收，它們對於認識論主體性的批判集中在兩個主題，一是它的同一性哲學，一是它把知識解釋為對於客觀實在的

權力。這兩種批判都特別地引起後殖民主義的共鳴，因為它們提供了與被西方人文主義排除的「他者」進行對話的可能性。

對同一性哲學的批判是透過海德格、傅柯、德希達一路發展過來。他們認為，笛卡兒的同一性哲學（the philosophy of identity）是以一種在倫理上不能忍受的、對於他者的壓制與排除為前提的。對於海德格而言，笛卡兒的無所不知的自足主體，透過以自己的形象看世界的欲望，粗暴地否定了物質的與歷史的差異，否定了人類以外的世界。「我思」不能恰當地思考石頭的存在，乃至不能思考動植物的存在；而對於傅柯而言，在「我思」中不曾加以思考（unthought）之物就被貶為「他者」。如果說在海德格那裡，「他者」主要存在於自然世界或非人類的世界，那麼傅柯則把「他者」的範圍擴展到了罪犯、瘋子、同性戀者、陌生人以及婦女。

從這個角度來看，笛卡兒式主體的存在必然表現為對於「他者」的排除與壓制。現在，

這個主體被診斷爲導致西方人文主義認識論貧
困的根源。笛卡兒的「人」遠遠不是什麼完美
知識的儲存器，它也是「謬誤之源」。除了排除
自己的「他者」以外，笛卡兒的同一性哲學還
透過與其所排除的他者的暴力關係與強制關係
而得以維持。

　　相應地，正如現代的理性常常把一個「危
險的」他者塑造成爲一個不正常的形象，它也
透過暴力壓制所有的文化差異。阿多諾 (T.
Adorno)、霍克海默 (M. Horkheimer) 以及
包曼 (Z. Bauman) 等人，把法西斯主義視作
啓蒙主義懼怕差異的產物。殖民主義的所謂文
明化過程，也是由相似的恐懼促動的。西方人
文主義消除差別的活動在李歐塔看來，就是這
方面的典型：「作爲西方現代性之特徵的合法
化宏偉敍述是世界性的 (世界主義的)，它依據
普遍的公民身分消除特定的文化身分。」
(Lyotard, 1992:44-45) 後殖民主義對於這個
主題進行了深入的研究。

　　以上我們簡要介紹了後結構主義對於啓蒙

主義與人文主義的批判，以及這種批判與後殖民主義的關係。下面我們進入一個相關的問題：後殖民主義與新人文科學。

第三章
後殖民主義與
新人文科學

　　八〇年代以來，後殖民主義、婦女研究
（women's　studies）、文化研究（cultural
studies）、同性戀研究（gay/lesbian studies）
等併肩作戰的學科，組成了所謂「新人文科
學」。新人文科學研究的特點，首先在於揭示旨
在強化規範化知識體系的特權與權威的那些排
除與省略機制；其次是發現被頑固的人文主義
課程排除與壓制的邊緣化知識。新人文科學的
研究領域自稱代表「被制服的知識」（用傅柯的
話說是「被剝奪了資格的知識」、「在等級體系
中地位卑微的知識」或「天眞幼稚的」知識）
的特定利益。這些所謂「小知識」(minor knowl-

edge）體現的是被支配性知識體系強行「驅逐出境」（deterritorialised）的思想與文化。像傅柯與德勒茲（G. Deleuze）這樣的激進批判思想家，一直用政治暴動的語言來對這個支配性的知識體系實施進攻。傅柯認為，被征服知識的重新領土化的要求有助於暴露知識與權力之間的隱蔽聯繫，一個社會就是透過這種聯繫而以知識的名義得以維持自己的存在。

一、把歐洲地方化（provincialising Europe）

　　女性主義研究表明，透過把婦女逐出知識生產與傳播的空間，剝奪婦女的權力就變得更加容易。爭取平等獲取知識的權利至少是十九世紀後期以來女性主義的行動主義（feminist activism）的內在要求。這種權利包括平等地獲得知識手段的權利，以及平等參與知識創造的權利。從傳統延續下來的知識受男性中心主義的機構與偏見的支配，正是這些機構與偏見使

得傳統的知識得以合法化。因此，女性主義參
與人文科學機構，就向規範化的、普遍化的、
以性別爲基礎的（或以男性生殖器爲基礎的）
知識體系發起了挑戰，並嘗試擴大認知方式與
知識內容的代表性。它的目的是使婦女變成知
識的活躍的參與性主體，而不是知識的被動對
象。

　　後殖民主義在批判西方主流話語方面緊隨
女性主義。但是與女性主義不同的是，後殖民
主義的思考重點不在性別關係，而在歐洲與其
他國家之間的關係。後殖民主義批評的矛頭所
向，是歐洲知識的文化霸權，由於這個霸權的
作用，非歐洲世界的知識就成爲「被制服的知
識」或「被剝奪了資格的知識」。它嘗試重新肯
定非歐洲世界的認識論價值。後殖民主義對於
非歐洲世界的「知識領土歸還」要求，其實質
是拒絕把歐洲文化特權化、普遍化，指出歐洲
的哲學與文化在提出普遍性要求的時候，從來
沒有考慮非歐洲世界的知識，以及自己對於非
歐洲世界的無知。他們的所謂「普遍的」社會

科學與人文科學，是在無視生活在非西方文化
中的絕大多數人類的基礎上生產出來的。後殖
民主義聲稱，整個人文科學領域都被這種假冒
的普遍性訴求所敗壞，被主流的知識生產中的
政治投資所敗壞。非歐洲世界在認識論與教學
法上的領土歸還要求因此包含了兩個任務：

> 撕破人文主義者關於知識活動非政治化
> （超功利）的偽裝；把被帝國主義普遍化
> 的歐洲知識重新地方化。(L. Gandhi,
> 1998:44-45)

　　要論證上面的觀點，就要回顧人文主義的
知識的歷史與形成，表明它在十六世紀的義大
利是如何產生的。

二、人文科學與知識霸權

　　里拉・甘地指出，「人文主義」的術語起源
於一個世俗化的、人類中心主義的文化與教育

計畫。這個教育計畫關聯到一個十六世紀出現
於義大利的新詞umanista（人文學者），該詞指
的是參與被統稱爲自由藝術（liberal art）之研
究的教師、學者或學生。這個詞的出現標誌著
把自由藝術在學術機構中確立爲一門學科，同
時也標誌著人文科學（自由藝術研究）在義大
利開始成爲一門特殊的教學課程以及一部分專
家的壟斷團體的出現。一門學術性學科（aca-
demic discipline）的誕生不只是一個知識內部
的問題，它實際上是知識生產、權力實施以及
職業創造之間的一項複雜的協作工程。人文科
學在十六世紀的出現，標誌一種特殊的利益團
體已經開始把自己的利益維繫在人文科學知識
的推進上（L. Gandhi, 1998:45-46）。

　　雖然「人文學者」一詞起源於文藝復興時
期的義大利，但是「人文科學研究」則起源於
早得多的古希臘時期的西塞羅（M. T. Cicer-
o），它帶有把文學藝術的研究視作有益於人類
的唯一知識形式的涵義。用西塞羅自己的話
說：「與繆思一起生活就是意味著合乎人性地

生活。」而這個觀點則起源於一個更早的共識：
與繆思（文藝）相關或歸入繆思名下的知識是
更爲高級的知識。比如荷馬的《伊里亞德》就
對繆思無所不包的知識極盡讚美之詞。文藝復
興時期繼承了這個傳統，把文學與詩歌作爲所
有人類知識的基礎。當時的人文主義者布魯尼
（L. Bruni）認爲，人文科學是一種普遍知識，
它的目的是使人成爲完整的人而不只是一個學
者（專家）。布魯尼的觀點在以下三個方面值得
注意：首先，他讚美對於文字（letters）的研
究，因爲這種研究能夠生產出「完整的」或有
代表性的（representative）人；其次，他求助
於一種「形構」（forming）、「形成」（shaping）
的理念，這表明對於教學實踐以及人文學者的
職業作用與角色的一種特殊的理解，即教學的
目的與功能在於塑造或形構人；第三，透過強
調人文學者不只是「學者」，而把人文教育的功
能擴展到學術機構以外。

　　但是所有這些特點同時也都是人文主義的
局限，這種人文主義成爲後來的反人文主義者

攻擊的靶子。對於傳統人文主義的批評主要集中在以下幾個方面。

首先，人文科學的教育計畫是建立在一系列對於課程的排除之上的，尤其是對經院哲學的排除。因而雖然它自稱有代表性，但這個計畫還是排除了大量其他的學科，如邏輯、數學、自然科學、醫學、法律與神學。廣泛地說，人文主義與經院哲學之間的論爭基本上是人的科學與自然的科學之間的論爭。在論爭中人文主義者總是求助於自己在道德上的優越性。有的人文科學者甚至斷言，修辭高於醫學，自由的藝術高於機械的藝術，就像主人高於奴隸。也就是說，知識的等級與社會的等級之間存在對應關係。人文主義所聲稱的「代表性」既排除了特定的知識類型，又暗示一種對於人的分類，它把人分成不同的、具有道德等級的種類，而奴隸與從事機械工作的人被從「真正的人」中排除了出去，他們的手工勞動被認為是低賤的，無法與自由的藝術相比。

對於後殖民主義來說更加重要的或許是：

上述區分還是建立在政治偏見之上的，這種政
治偏見表現為把文化活動分為文明化與原始
的。如同海德格在〈關於人道主義的書信〉
（"Letter on Humanism"）中指出的，羅馬
時期人文科學研究的計畫總是依賴於在合乎人
性的人的規範觀念與原始人的畸形的觀念之間
所作的區分。他認為，

> 所謂合乎人性的人在羅馬共和國時期就是
> 指羅馬人，他們的知識是在哲學學校中習
> 得、在良好的行為中得到訓練的。（海德
> 格，1946）

文藝復興的人文主義繼承了羅馬人的這個偏
見。

　　由此可見，人文科學研究的核心存在著基
本的矛盾：雖然聲稱代表普遍的人類，但是它
依然把一系列文化、社會與經濟的特殊性，普
遍化為人性的本質，強加於人。

　　從這個角度看，人文科學的研究計畫起著
雙重的壓迫作用。一種壓迫表現為它排除了一

些人，另一種則表現爲它對接受這種知識的人施加的強制性的標準。布魯尼對於人文科學塑造學生的功能的讚美，正好證明了傅柯所說的主流知識的規訓機制。那麼，人文科學要把學生塑造成什麼人？這個問題涉及人文科學在學術以外的作用問題，即它的政治動機問題。

在《西方正典》（*The Western Canon*）一書中，布魯姆（H. Bloom）否定傳統的人文科學有什麼政治動機。他認爲，閱讀活動是個體化的而不是社會化的，它也不教導人變成更好的公民，文學因而不可能提供社會變遷的基礎（Bloom, 1994:526）；而堅持後殖民主義立場的人則認爲，布魯姆忽視的正是：嚴格意義上的人文科學一直把文學教育視作國家發揮適當功能的必要手段。就是說，人文主義總是發揮著審美—道德的意識形態功能，這種意識形態涉及並以培養理想的公民主體爲目的。比如佛羅倫斯的人文主義者布魯西奧里（Brucioli）讚美自由的藝術，是因爲它最有助於培養共和國政府需要的青年。

　　此外，人文主義除了把完美的人性視作自己的學術與教育追求以外，還把國家視作完美人性的原型與代表，它認為國家應當是人文科學的合乎邏輯的與合適的目的。這一點在後來的人文主義中也得到繼承。席勒的《審美教育書簡》（*Letters on the Aesthetic Education of Man*, 1966）也認為，審美教育的首要目的是實現理性的國家。國家代表了理想的人性，馬修·阿諾德（Matthew Arnold）更認為文化內在地包含了國家的概念，國家權力的基礎不能在日常的自我中發現，而是在文化中發現。

　　總之，儘管人文主義在歷史上也經歷了各種變化，但其思想的共同點是努力確立文化（或知識）與國家之間的聯繫。當然，人文主義在讓知識服從權力的時候，總是同時主張人文主義教育的非功利性，比如阿諾德就要求遠離關於事物的實用功利主義的觀點。後殖民主義對此的理解是：

　　1.阿諾德的所謂功利與非功利的區別是帶

有階級偏見的，他認為恰恰是沒有文化
的、粗俗的工人階級常常被圍於功利主
義的觀點。

2. 阿諾德的非功利性要求實際上正是有效
地用來掩蓋國家在知識生產中的投資，
掩蓋知識與權力、知識與統治利益之間
的合作。

非功利性作為一種策略有助於支撐國家對於普
遍性的虛妄聲稱。正如馬克思指出的，統治階
級不得不把自己的利益裝扮成全社會與全人類
的利益，從而賦予自己的觀念以普遍性的形式
（L. Gandhi, 1998:51）。

　　里拉‧甘地強調，重要的是要認識到，每
當這些已經確立的利益處於威脅或需要再肯定
的時候，人文主義就得到發展繁榮。人文主義
總是伴隨並支持統一的、中央集權的民族─國
家的出現。因而義大利的人文主義內在地具有
對於國家統一的訴求，而十九世紀德國唯心主
義式的人文主義同樣對呼喚統一的德意志情有

獨鍾。阿諾德集權式的人文主義表達了對於潛
在的無政府主義的焦慮，尤其渴望在面對多種
多樣的落後的他者時維持歐洲的統一與主權
（L. Gandhi, 1998:52）。

三、走向「新人文科學」

　　對於上述人文主義傳統，後殖民主義者提
出了尖銳的批評。薩伊德追隨傅柯的思路指
出，對於西方人文主義的批評性思考都必須把
自己設想為與任何專制的、統治的形式截然相
反的一種知識，它的社會目標是站在人的自由
立場上生產非強制的知識（Said, 1983:29）。像
後殖民主義這樣的批評話語所要爭取的是使知
識的領域更具有代表性，反對對知識的所有排
除與壓制。當然，這個批評工程所依賴的兩個
基礎是：
　　第一，揭示隱藏在知識生產中的利益與意
識形態，如同斯圖亞特・霍爾（Stuart Hall）

所說的：

> 文化研究開始它的工作的時候，它的任務
> 是撕開人文主義傳統中那些被認為是未言
> 明的前提，必須闡明支撐實踐的意識形態
> 假定，對於人文科學與藝術把自己打扮為
> 中立的知識方式實施意識形態的批判。
> (Hall, 1990:15)

其次，關注大量所謂「不合法」的、被剝奪了資格的與被制服的知識。後殖民主義所作的這一工作體現了哈伯瑪斯說的「知識的解放旨趣」，它追溯被壓制的知識的歷史蹤跡，重建被壓制的內容。

但是必須警惕的是，後殖民主義所做的工作並不僅僅是把現存的知識秩序簡單地顛倒過來。在這方面傅柯的提醒值得我們記取。傅柯雖然也要為被壓制的知識平反，但是他指出，如果簡單地把顛倒現存知識等級秩序當作自己的目的，那麼，這種顛倒到頭來僅僅是複製原先的體制，造成另一種正統——差異性的正

統，生產出新的籌碼化與殖民化（Foucault, 1980:86）。傅柯的這個提醒使我們有理由認識到，讓原來被壓制的知識脫離與權力意志的聯繫是非常困難的。爲此，德勒茲與瓜塔里（F. Guattari）建議，被壓制的知識與文學應當永遠放棄成爲主流的欲望，堅持自己的「小話語／知識」（minor discourse/knowledge）立場（Deleuze & Guattari, 1986:27）。這個計畫的涵義是：所有的「小知識」都需要保存其被臣服、非領土化的記憶，以及與其他「非文化」領域的緊密關係的記憶。同時也必須認識到，同一性總是被自己的「他者」的存在所破壞，每一個主流的話語內部都帶有起抵消作用的非主流性因素。

四、學術與政治

　　後殖民主義從後結構主義的反人文主義與新人文科學中獲得了一種觀念：西方的權力內

在地存在於西方認識論與教學法之中。這樣，
後殖民主義對於西方主流知識的批判不能不同
時是一種政治介入。後殖民知識份子對於社會
革命特別關注，它是一種學術上的行動主義。
在這方面它與左派批評家的立場一樣（比如葛
蘭西的有機知識份子理論；阿圖舍對於教育體
制中國家意識形態的批判）。

　　但是後殖民主義的批判知識份子形象也受
到批評。雖然後殖民理論家一直捍衛其學術實
踐的政治學，但是最近的一些後殖民批評家堅
持，在後殖民的學術研究與從後殖民的現實中
產生的政治關切之間應當有一定的距離。

　　有些自我批判的後殖民理論家認為，從事
後殖民主義的學術研究的人對於自己工作可能
具有的社會危害十分盲視。比如史碧娃克指
出，近來第一世界學術界似乎對於包括後殖民
批評在內的所謂「地緣研究」頗為寬容乃至予
以鼓勵，而這種表面上的寬容與鼓勵實際上服
務於重新確認中心／邊緣的文化地圖。她指
出，後殖民研究者所沾沾自喜的「第三世界主

義」（third worldism），可能使得眞實的社會
與政治壓迫——它們是以中心與邊緣之間的僵
化畫分爲基礎的——永久化。這個警告就其理
論靈感來說，事實上來自傅柯對於邊緣性的知
識優惠政策（intellectual valorization）的抵
制：

> 我們不能設想存在一個特定的「邊緣性」
> 的空間，設想因爲它不是權力化的排除機
> 制，因而就可以使對於自由與公正的學術
> 研究合法化。如果「邊緣性」被建構爲一
> 個研究的領域，這只不過是因爲權力關係
> 已經把它確立爲一個可能的對象。
> （Spivak, 1993:59）

　　雖然史碧娃克與傅柯都反對邊緣性話語的
學術機構化，但是他們並不否定知識活動與政
治現實之間的關係；相反，對於後殖民理論持
批評態度的人倒是反覆批評後殖民知識份子的
文化主義傾向，指責他們忽視了生活在宗主國
的邊緣群體的眞正的社會、經濟困境。比如德

里克（A. Dirlik）與阿曼德就批評了所有不涉及「日常生活的社會性」的理論／知識活動。他們認為，透過實在的社會活動形式發生的結構性轉變，比之於透過批評的方法論發生的想像性的轉變，更加直接地影響到更多的人。在阿曼德的推論中，後殖民主義者的理論工作，是建立在有特權的少數人能夠獲得可觀的物質待遇、學術名望以及剩餘快感的基礎上的，而大量的其他人則被迫生活在貧困線以下（Ahmad, 1995）。換言之，雖然後殖民的真正主體（即生活在貧困線以下的弱勢群體）尚在為求生而奮鬥，後殖民的知識份子卻可以自由地從事狂歡化的解構與認同遊戲。他尤其指出，這些自我縱容、唯我主義的理論公開放棄了與集體相關的真正政治問題。德里克的〈後殖民氛圍：全球資本主義時代的第三世界批評〉（"The Postcolonial Aura: Third World Criticism in the Age of Global Capitalism"）一文即指出：後殖民知識份子的文化主義與心理主義取向，使得它與社會的、政治的、

文化的支配問題幾乎毫不相關 (Dirlik, 1994)。在詹明信看來，後殖民主義者與後殖民主義的批評者的這個區別，在本質上看也是佛洛依德的精神分析與馬克思主義、精神分析的女性主義與社會主義的女性主義的區別。比如精神分析的女性主義首先關注的是女性主體性的形構與解構，而其社會主義的同行則強調階級身分的特殊重要性，蔑視非政治性的「感覺／情感領域」。對於情感的這種偏見來自這樣的假設：透過情感而獲得的「內在性」的先決條件，是從社會領域逃到自戀式的想像領域。這種情感／感覺崇拜賦予個體的欲望以高於集體的地位，以社會的能動性為代價實現個人的欲望。在德里克與阿曼德看來，後殖民主義的理論家對於「內在性」的迷戀也是一個機構化的特權。德里克不無尖刻地說：「後殖民主義出現於第三世界的知識份子抵達第一世界的那個時刻。」(Dirlik, 1994:329)這個「抵達」(having arrived) 的隱喻表明：第三世界的知識份子已經脫離第三世界，而在第一世界獲得職業的成

功，他們的理論「旅行」是飛離集體的社會性
與第三世界的物質性，進入宗主國的理論抽
象。因而德里克認為，後殖民主義與其說是對
於全球狀況的一種描述，不如說是貼在具有第
三世界出身（血統）的知識份子身上的標籤而
已。阿曼德也認為，後殖民知識份子不過是「置
身 於 宗 主 國 大 學 中 的 激 進 的 移 民」
(radicalised immigrants located in the
metropolitan university)。從這個角度看，後
殖民知識份子不過是作為一個旅行的理論家身
分而出現的。他們是第三世界的機會主義者
(Ahmad, 1992:96)。

五、後殖民知識份子

　　雖然我們從上述對後殖民主義的批評中可
以得到很多啟示，但是他們下列總體化的假設
是成問題的：任何從第一世界角度思考第三世
界的嘗試注定帶有悖論或反諷的性質。這種批

評可以用來質疑後殖民批評家的對抗立場與他
們實際身分（就職於他們所批評的學術機構）
之間的矛盾。正如魏斯特（C. West）所說的，
所有嘗試批判他們身處其中的機構內部的權力
操作的文化批評家，都發現自己處於雙重的束
縛中：

> 在把他們的活動聯繫於對於他們自己機構
> 的徹底的結構性批評審視的時候，他們常
> 常在財政上依然依賴這些機構。對於這些
> 文化批評家來說，他們的姿態既是進步
> 的，又是受束縛的。（West, 1990:94）

　　後殖民批評家以及其他類似的文化批評家
的這種尷尬的「定位狀況」（positionality），決
定了他們必須以持續反抗機構化整合過程為己
任（這個任務如果結合傅柯與史碧娃克的關於
中心與邊緣之間的寄生性關係的觀點，就會顯
得更加急迫）。這樣的知識份子必須在教學機
器（teaching machine）之外商討生存之可能
性。史碧娃克談到了「新殖民主義」，所謂「新

殖民主義」就是透過一種似乎是新的方式提出所謂「中心的共享」，來製造自己的同盟者。其結果是以另一種方式鞏固了中心／邊緣關係。她還間接地提出了一些開放性的問題：在第一世界的第三世界知識份子是否應當把自己的研究限制在主流文化內？是否可能傳播邊緣化的知識，而又不使得邊緣性的狀況永久化？等等。

　　邊緣研究的「開發」所導致的結果是，第一世界的學術界捲入了一種新的研究對象的建構，第三世界、邊緣性作為研究對象得到了機構化的認可。這一研究遠不是什麼無功利的，它透過對於可以稱之為「異國情調」的文化畫分與分析，生產並維持了西方的利益。在這種研究中，第三世界的知識份子成為提供消息的本地人，而這種消息的正確性是十分可疑的。

　　最近幾年，作為提供消息的本地人的知識份子問題在美國也被提出來了。他們是被內在地殖民化的少數群體，比如住在美國的墨西哥人。像查布朗（A. Chabran）這樣的批評家感

到了一種深刻的焦慮：住在美國的墨西哥知識
份子以及整個的墨西哥研究，都在不加批判地
把墨西哥人人類學化（anthropologisation）
（Chabran, 1990）。桑切茲（R. Sanchez）也
指出，在貌似中立的區域研究（area studies）
與有明顯偏見的「公共政策」領域之間存在狡
猾的勾連關係，就是關於第三世界的訊息的聚
集，也包含了第一世界的國家利益，在這種國
家利益支配下的學術計畫，旣監督與檢查材料
的系統收集，又爲這個社會中的決策者解釋這
些材料。

　　遺憾的是，這些有意義的擔憂常常導致對
於知識份子自己的理論活動的明顯不正確看
法。比如查布朗在質疑對知識份子權威的過分
迷戀時，呼籲要堅持經驗對於理論的優先性，
讚揚知識份子的「前機構化」的歷史，認爲我
們必須讓經驗引導我們去質疑理論，理論本身
無法引導我們去作這樣的質疑。這種觀點裡面
存在的問題是，首先，經驗是否是理論唯一有
效的先決條件？如果是的話，那麼，第二，我

們能否談論經驗以外的任何東西？換言之，一
個白人知識份子在一個非白人的共同體中能否
表達一種正當的利益？或一個異性戀的知識份
子在同性戀的群體中有沒有表達權利？極端地
說，單方面地抬高經驗對於理論的優先性、活
動對於學術的優先性，事實上有助於貶低幾乎
所有知識份子活動的社會有效性（L. Gandhi,
1998:60-61）

　　更加值得注意的是，這種幾乎是反智主義
的潮流在左翼思想界的復活，與右翼知識界與
右翼的政府倒是不謀而合，後者也在貶低知識
份子的工作、削減知識份子的經費。左翼與右
翼在其反對非實用的理論活動方面達成了一
致。實用主義有各種方式，但是它們的共同標
誌是對於可量化的、可見的效果的觀點的尊
敬。對於左翼的實用主義批評家而言，可見性
被視作是對於經驗與實踐的保護者；而理論則
因為它不能量化而得到貶低。具有諷刺意義的
還是：當前的左翼反智主義偏見完全違背了馬
克思主義對於理論與日常生活的辯證關係的觀

點。

　　在此，威廉斯（R. Williams）、哈伯瑪斯與傅柯等人對於理論（思想）與實踐（現實）的關係的理解顯得更加辯證一些。威廉斯把文化理解為總體的生活方式，在其中，藝術與知識的勞動透過必要的聯繫而與其他社會活動共存；哈伯瑪斯認為，純經驗的知識與純超越的知識這兩個領域的分裂經過一些認知方式的中介而得以發生聯繫，這些中介性的知識他稱之為「認知利益／旨趣」（cognitive interests），它對於社會生活的文化再生產具有關鍵意義，並總是伴隨工作與互動等行為。知識並不必然要不是「一種機體在適應環境時的純粹的工具」，就是脫離生活語境的純粹理性的存在。哈伯瑪斯透過把認知視作社會生活的一個必然結果，而打破了知識與人類利益之間的界限（哈伯瑪斯，1999）。

　　傅柯則把關注點從知識轉向了思想本身的問題，認為所有的活動或行為形式都受到思維形式的激發（如果不是從思維形式中產生的

話)。他反對把社會生活看作必然比思想活動更爲眞實與重要的觀念：

> 不能把社會視作唯一的現實，把在人類生活中如此基礎性的思想視作膚淺表面之物。思想獨立於話語的系統與結構而存在。思想常常是隱蔽的，但總是激活行爲。在哪怕是最愚蠢的機構中也存在一些思想。(Foucault, 1989:155)

忽視知識生產的重要性的行動主義(activism)忘記了：知識份子的椅子的確是比革命的戰場較少危險性，但是它依然是一個關鍵性的有影響的領域，從這個領域出發，既可以激勵機構內的思想，也可以設想一種知識的暴動，這種知識的暴動是與機構的中心化權力相對立的。

如果後殖民知識份子具有一種政治使命，它就在於培育一個西方與非西方學術之間的民主對話，並在這樣作的時候思考擺脫殖民主義認識論暴力的途徑。

第四章
薩伊德的東方主義
及其批評

一、東方主義與殖民話語分析

　　一般認為，薩伊德的《東方主義》（*Ori-entalism,* 1978;1994）代表了後殖民批評的第一階段。此書集中關注的是殖民意義的話語生產與文本生產（the discursive and textual production of colonial meanings），揭示殖民霸權與知識生產的相互鞏固關係，其方法則屬於「殖民話語分析」（colonial discursive analysis）。

　　《東方主義》出版以後引起了巨大回響。
史碧娃克認爲它是後殖民批評的「奠基之作」，
透過它，「邊緣性」本身在西方學術界獲得了一
個學科的地位。她說：

> 對於殖民話語的研究灌漑了一個花園，在
> 這個花園中邊緣的東西可以言說、被言說
> 或爲之而言說。(Spivak, 1993:56)

同時也有人談論《東方主義》在第三世界國家
學術界的價值與意義。這些讚美都證實了《東
方主義》對於西方與第三世界知識／思想界的
巨大衝擊與影響。《東方主義》是致力於用話語
分析方法系統揭示回教世界、中東以及「東方」
與歐美帝國主義世界之間歷史地形成的不平等
關係的第一部專著。當然也有薩伊德的批評者
認爲此書沒有什麼了不起，因爲對於帝國主義
暴力與帝國主義過程的批判分析，是一個早就
確立的傳統，它與殖民主義的歷史一樣古老。
那麼，《東方主義》的特殊貢獻到底是什麼？它
以何種特殊的方式診斷西方的知識——權力意

志？

　　實際上，《東方主義》批判與分析的是作爲
一種認識論態度與文化態度的帝國主義／殖民
主義，而這種態度又是與實際的政治、經濟統
治聯繫在一起的。在後來出版的《文化與帝國
主義》（*Culture and Imperialism*, 1993）中，
薩伊德指出：

> 帝國主義與殖民主義都不是一個簡單的積
> 累與征服問題，它們都得到壓迫性的意識
> 形態的支持或激勵，這種意識形態包括認
> 爲有些領土與民族需要統治這樣一種觀
> 點，也包括隸屬於這一統治的知識形式。
> （Said, 1993:8）

　　因而《東方主義》的獨特意義在於它是第
一本揭開帝國主義的意識形態外衣的著作，就
此而言，它對於反殖民事業的特殊貢獻就是：
它對殖民知識與殖民權力之間的相互關係進行
了艱苦而卓越的探索。它假設東方主義——對
於東方的研究、教學與書寫的知識工程（規劃／

計畫）——一直是歐洲在東方進行的帝國主義活動的認識論誘因與認知伴隨物。相應地，它聲稱，西方統治東方的特定方式與西方研究、思考東方的特定方式之間存在基本的相關性。換言之，要回答東方是如何被征服的，就必須思考東方是如何被認知的。

以下我們簡單介紹一下《東方主義》的主要觀點。

薩伊德所說的「東方主義」主要是指一套西方人所建構的關於東方的認知與話語系統。薩伊德把傅柯關於話語與權力的理論用於分析西方自殖民時代以來關於東方的知識，指出在東方主義的這套話語系統中，東方被置於西方文化的權力話語之下，「東方主義是一種支配、重構東方並對之行使權力的西方文體（western style）」。它是「歐洲的一個發明」，「由於東方主義，東方過去不是，現在也不是思想與行動的自由主體。」也就是說，東方在「東方主義」的話語——權力網絡中被他者化了，成為被評判、被研究、被描寫的對象，以確證西方

自我。這種權力話語的基本操作方式是一整套
二元對立模式：東方主義視野中的東方總是那
麼落後原始、荒誕無稽、神秘奇詭，而西方則
是理性、進步、科學、文明的象徵。「東方幾乎
是一個歐洲的發明，而且自古以來就一直是一
個充滿浪漫而神奇的存在、難以忘懷的記憶與
風景、神奇的經驗的地方。」(Said, 1978:1)

> 東方不只是與歐洲毗連，它還是歐洲最
> 大、最富、最古老的殖民地，是其文明與
> 語言的來源，其文化的競爭者，而且還是
> 它的最根深柢固的和最反覆出現的他者意
> 象。此外，東方曾經有助於把歐洲（或西
> 方）界定爲自己的對比性的意象、觀念、
> 人格與經驗。但是這個東方絕非僅僅是想
> 像性的，它是歐洲物質文明和文化的一個
> 組成部分。在機構、詞彙、學術、殖民等
> 級制度、殖民風格的支持下，東方主義在
> 文化上甚至意識形態上將這一部分表達和
> 再現爲一種話語模式。(Said, 1978:2)

　　當然，嚴格地說，薩伊德的「東方主義」
涵義比上面的概括要稍微複雜一些。在《東方
主義》的導言中區分了三種「東方主義」，並指
出它們是相互依存的。首先是作爲一種學術傳
統與一系列學術機構的東方主義。這個意義上
的「東方主義者」包括任何敎授、書寫與硏究
東方的人，而他或她所作的工作都是東方主義
（東方學）；其次，與此相關的是更加一般意義
上的東方主義，它是「以『東方』與『西方』
之間所作的一種本體論與認識論的區別爲基礎
的思維方式。因而非常多的作者──其中有詩
人、小說家、哲學家、政治理論家、經濟學家
以及帝國的行政官員──接受了在東西方之間
的區別，並以此作爲建構關於東方──其人
民、習俗、心智、命運等──的理論、史詩、
小說、社會描述以及政治解釋的起點。」薩伊
德認爲這個意義上的東方主義者包括比如雨
果、但丁、馬克思等。

　　第三個意義上的東方主義具有更加明確的
歷史與物質規定性，它出現於十八世紀晚期。

這種東方主義是指透過建構東方的陳述，把關於東方的視點權威化，描述它、講授它、定位它並進而統治它的一整套話語系統及其協作機構。簡言之，這是一種統治東方、重新建構東方、對東方行使權威的西方話語。薩伊德運用傅柯的話語理論來界定這個意義上的「東方主義」。他認為，如果不研究作為一種話語的東方主義，我們就不能理解在後啟蒙時期西方文化藉以在政治上、社會學上、軍事上、意識形態上、科學上以及想像上得以操縱以至創造東方的大量學科；而且東方主義的地位是如此的富有權威性，以至於「任何一個書寫或作用於東方的人，如果不接受東方主義所強加於思想與行為的限制，就不能書寫或作用於東方。」而正因為如此，這個被建構的「東方」就不可能是真正的東方：

> 由於東方主義，東方過去不是，現在也不
> 是一個思想與行為的自由主體，這不是說
> 東方主義單方面地決定對東方可以說些什

麼，而是說它是一個完整的利益網絡，這個網絡不可避免地要對所討論的特殊實體——「東方」產生影響。(Said, 1978:3)

　　薩伊德最感興趣的就是這第三種意義上的東方主義。而他的基本理論立足點是對於客觀、中立、超越的歷史敍事與人類知識的懷疑，如果這種敍事或知識涉及異族文化的話就尤其如此。薩伊德說：

　　東方不是一個被動的自然事實，它不僅僅是在那裡，就像西方不僅僅只是在那裡一樣，我們必須認眞思考維柯的偉大發現：人創造他自己的歷史，人所能知道的就是他已經創造的東西，並把它擴展爲地理學：作爲地理的與文化的統一體，更不必說歷史的統一體的東方是人爲製造出來的。此類作爲「東方」或「西方」的場所、地區、地理學的區域都是如此。因而就像西方本身一樣，東方是一個具有一種歷史、具有一種思想傳統、想像與詞彙傳統

的觀念，正是此類歷史與傳統使東方能夠
與「西方」相對立而存在，並爲了「西方」
存在。因而東、西方這兩個地理學上的實
體是相互依存的，在一定程度上也是相互
反映的。(Said, 1978:4-5)

　　總之，「東方」也罷，「西方」也罷，都是
一個人爲的建構物。這種知識觀與歷史觀雖然
受到後結構主義的深刻影響。在《東方主義》
的導言的第三部分，薩伊德對於「純粹知識」
與「政治知識」的區別表示懷疑。他指出，人
們很容易爭論說關於莎士比亞(William Shake-
speare) 或華滋華斯 (William Wordsworth)
的知識是無關政治的，而關於中國或蘇聯的知
識是政治性的。從而作爲一個人文學者，薩伊
德自己的研究領域似乎也就與政治無關。這種
區分的原因之一是認爲人文知識似乎沒有什麼
直接的、通常意義上的政治結果，而像「蘇聯
的經濟」這樣的研究領域似乎就與政府利益密
切相關。薩伊德對於這樣的區分持懷疑態度。

他指出，沒有人曾經發明過一種方法可以使學者（當然包括人文學者）與其生活環境分開，把他與其所捲入（有意或無意）的階級、信念體系、社會地位分開。他作爲一個社會成員的活動與其學術活動必然是無法分離的。這一切都一定會持續地表現於他從事的專業工作中，而這就是薩伊德理解的學術的政治性。從這個意義上說，人文知識雖然沒有政治學、經濟學這樣的直接的政治性，但是從根本上說，它依然是政治性的 (Said, 1978:10)。

　　但是揭示西方關於東方的知識的建構性質顯然並不是薩伊德的全部目的或主要目的。從邏輯上說，既然所有的知識都不可能是純客觀的，那麼，不僅西方對於東方，就是東方對於西方，或東方對於自己的再現也沒有什麼客觀性可言（下詳）。關鍵在於東方主義作爲一種知識體系或話語結構、思維方式爲什麼長期占據統治地位？在這裡，薩伊德嫻熟地運用了傅柯的知識／權力理論，反覆指出：如果得出結論說「東方」本質上只是一種觀念或沒有相應現

實支持的知識建構，這就是錯誤的。觀念、文化、歷史等如果不聯繫其背後的現實權力關係，就不能得到認真的理解。薩伊德要強調的是，單純把東方作為人類知識與想像的必然產物是不夠的、也是不誠實的。東方與西方從根本上而言是一種權力關係、支配與被支配的關係。也就是說，在西方對於東方的知識霸權背後是經濟與軍事上的霸權，西方與東方的不平等的利益關係才是東方被東方化的關鍵所在。在這個意義上說，東方之被東方化不是因為它被發現是「東方的」，而是因為它能夠被、或注定要被「東方化」。

　　就此而言，我們必須知道並力圖加以掌握的，是東方主義話語與使之成為可能的社會經濟和知識機構之間的緊密關係，而「千萬不要假定東方主義的結構只不過是一個謊言的結構或神話結構，一旦揭穿它的真相，就可以使之煙消雲散。」（Said, 1978:6）東方主義不是什麼虛無縹緲的歐洲人關於東方的幻想，而是一個創造出來的理論與實踐的機構，在這個機構

中有著連續幾代人的數量可觀的投資。正是這
種連續的投資創造了作爲關於東方的知識系統
的東方主義。

　　薩伊德反覆申述的中心思想是：話語的支
配權力不是孤立的，而是與其他權力處於千絲
萬縷的聯繫中。薩伊德舉例說，福樓拜與一個
埃及妓女的遭遇創造了一個影響廣泛的東方女
性的模式。她從不談論自己，從不表達自己的
情感、存在或歷史。他爲她說，他代表她。這
位埃及妓女的「失語」的原因是：他（福樓拜）
是歐洲人、富有、男性，正是這些支配性的歷
史事實，表明他在與她的關係中處於強有力的
地位，這些實實在在的權力關係才使得他不僅
能夠在肉體上擁有她，而且還能替她言說，並
告訴自己的讀者在什麼方面這個埃及妓女是東
方味十足的。薩伊德指出，上述例子並不是孤
立的，它代表了東、西方之間延續至今的力量
模式，以及它所促成的關於東方的話語。作爲
一個被剝奪了話語權的他者，東方是不會表達
自己的，它必須由西方來替它表達。東方的失

語與西方的獨語充分地表明了東西方的不平等
權力關係。關鍵在於東方不能表達自己，如果
東方能表達自己，它早已表達了；因為它不
能，只好由別人來再現。

　　由此可見，東方並不是一個自然地理方面
的事實，東方是西方的建構物。人創造它的歷
史，他所能知道的只是它已經創造的東西，所
以西方人所能知道的只是它自己創造的東方。
因而東西方這兩個地理學上的實體是相互依
存、相互反映的，東方是一個沒有話語權的「他
者」。東方主義絕不是與「歐洲」觀念毫不相
關：

> 這一歐洲觀念把我們歐洲人視作與非歐洲
> 人相對的集體觀念；的確可以這麼認為，
> 歐洲文化中的主要因素正是在歐洲之內和
> 之外製造文化霸權的東西。它把歐洲文化
> 視作與非歐洲文化與民族相比是更加優秀
> 的。(Said, 1978:7)

　　這就是說，歐洲人不可能作為一個無價值

先見或利益關涉的純認知主體與東方發生聯繫，他首先作爲一個歐洲人或美國人（而不是抽象的人類）與東方相遇，而這一事實絕非無足輕重，它曾意味著、並將繼續意味著他（她）是從屬於特定的權力集團，而這個權力集團在東方有著特定利益。所以，薩伊德認爲，東方主義是地緣政治學意識在審美與學術文本中的滲透，它是控制與操縱非西方世界的一種權力意志，是在各種權力類型之間的不平等交換中被生產出來的。薩伊德由此斷言：「東方主義不僅僅代表、而且本身就是現代政治／知識文化的重要方面，它與我們自己的關係比與東方的關係更大。」（Said, 1978:12）但是必須指出的是，薩伊德並不認爲東方主義是帝國主義政治在文化、學術中的簡單粗糙的反映，也不只是可惡的、統治東方的帝國主義的簡單代表。也就是說，它首先不是什麼與露骨的政治權力直接對應的話語，而是透過與政治權力、文化權力、道德權力、知識權力等的複雜交換而形成的。在此，薩伊德引用了葛蘭西（Antonio

Gramsci) 的「市民社會」與「政治社會」理論。葛蘭西認爲前者是由像學校、家庭、協會等自願的（至少是理性的和非強制的）協作組成，而後者則由國家機構——軍隊、警察、中央政府——組成。在資本主義社會（或非極權主義社會）中，文化是在市民社會內部運作。也就是說，在市民社會中，觀念、機構以及他人的影響不是透過暴力統治強加於人，而是透過葛蘭西所說的積極贊同（consent）而起作用。因而在資本主義社會或任何非極權主義社會中，特定的文化形式支配別的文化形式，就像特定的觀念比其他的觀念更有影響力，僅此而已。葛蘭西把這種「文化的領導形式」稱之爲「文化霸權」(hegemony)。東方主義就是這樣的一種文化霸權，它造就了一種關於「歐洲身分」的觀念，這種身分被認爲比其他非歐洲的民族與文化身分更加優越。歐洲人關於東方的觀念總是反覆重申歐洲相對於東方的優越性，由於這種觀念的強有力的影響，它還剝奪了一個思想家獨立自由地看待事物的可能性（Said,

1978:6-7)。

二、對東方主義的批評

　　《東方主義》出版以後雖然獲得巨大的回
響，也爲薩伊德贏得了巨大的聲譽，使之成爲
西方學術界的明星人物；但是同時也遭致激烈
的批評。由於這方面的批評數量相當多，所以
我們只能就其中最主要的、也是最富挑戰性的
一種略加介紹。

　　詹姆斯・克利福德（James Clifford）在
〈論東方主義〉（“On Orientalism”）一文中批
評了薩伊德的「東方主義」概念的內在矛盾。
他指出，薩伊德是在三個意義上界定與使用「東
方主義」一詞的，即東方主義是東方學研究者
的研究工作及其成果，而東方學者就是「書寫、
研究東方或教授東方知識的人」；東方主義是
建立在有關「東方」與「西方」的本體論和認
識論區分基礎上的一種思維方法；東方主義是

對付東方的一種合作制度（羅剛、劉象愚，1999：
25）。克利福德指出，在薩伊德第一和第三種關
於東方主義的定義中，「東方主義與某種稱爲
東方的對象有關」，而「第二種涵義中的東方只
是作爲一種頗有疑問的思維活動的建構而存
在。」而且「這種矛盾性有時變得非常混亂，
在薩伊德的分析論證中屢見不鮮。他經常表示
某種文本或傳統扭曲、主宰或忽視了東方的眞
實或眞正特徵。可是換一個地方，他又否認存
在任何『眞正的東方』，在這一點上，他更像傅
柯和他引用過的其他激進批評家。」（同上，26）
也就是說，當薩伊德說東方主義歪曲了回教世
界或整個東方世界時，他隱含的前提是：存在
一個眞正的作爲客觀對象的東方或回教世界；
但同時，他又經常引用傅柯等激進的後結構主
義者的觀點，斷言世界上沒有任何客觀的知識
與知識對象，任何知識與知識對象都是認知主
體建構與創造的。任何知識，尤其涉及異類的
知識，都必然是一種歪曲與建構。這樣，也就
談不上西方的東方學者對於東方的歪曲或錯誤

再現的問題，因為任何關於東方的知識（包括薩伊德本人的）都必然是、也只能是歪曲（至多程度不同）的。這裡所包含的明顯的矛盾表明，薩伊德經常在本質主義與非本質主義之間搖晃、徘徊。所以克利福德說：「東方主義的非真實性問題並沒有得到任何真實性的答案。」（同上，26）由於薩伊德的後結構主義立場，他不可能在批評東方主義的同時把真實地再現東方的特權賦予自己，「薩伊德老老實實地說他的工作不是尋找東方主義的替代物。他只是從各種角度攻擊東方主義話語，結果是連自己的立場也沒有得到很好的闡明。」（同上，27）

丹尼斯・波特（D. Porter）也對《東方主義》提出了相似的批評。他指出，從《東方主義》一書的導言開始，薩伊德就搖擺於真理與意識形態之間，或者說是搖擺於兩組命題之間：第一組命題認為在純粹知識與政治知識之間沒有什麼區別；第二組命題則又似乎暗示可以獲得真理（透過否定的方式，即揭露東方主義如何歪曲了東方）。「儘管第二組命題暗示有

眞理的存在，也有可能不受霸權話語的制約而
進入眞實可靠的知識領域，但第一組命題又不
承認不受任何政治影響的純知識。這個矛盾在
薩伊德的書中一直未能完全解決。」（同上，44）
也就是說，既然薩伊德認爲不存在什麼對東方
（當然也包括對西方）的眞實再現，因爲只要
是再現總已經是一種建構（第一組命題），那
麼，他批評東方主義的立足點在哪裡呢？他能
夠用什麼樣的東方去取代東方主義的東方呢？
「如果我們想知道是否能夠用別的理論來替代
東方主義，是否有一種與關於東方的意識形態
相反的有關東方的純知識存在，薩伊德提供不
了任何幫助，儘管他也承認迫切需要這樣的替
代理論。」（同上，45）如果薩伊德的第一個命
題──任何知識都只能是一種政治知識，那
麼，「某種形式的東方主義不僅是我們所有的，
也是我們所能有的一切」（同上，45）。

　　問題的關鍵在於：薩伊德對於知識的激進
後結構主義的看法，使得他不可能提出一種可
以取代東方主義或能夠免於權力污染的關於東

方的真實知識，也使得他無法發現西方文化內
部的差異，他把西方的文化霸權（東方主義是
其表現之一）本質化、絕對化了，因而「不能
說明在現存的霸權結構占主導地位的條件下，
何以能有一種不同的話語出現。」在波特看來，
如果我們不用本質主義的觀點看待西方文化，
那麼顯然，「事實上在西方傳統內部同樣存在
反西方霸權的因素，存在與東方主義不同的反
霸權的著作與另一類經典。」（同上，47）薩伊
德的理論本身就是產生於西方社會文化與學術
的土壤中，這本身就表明西方的文化、學術、
知識，包括關於東方的知識，並不是「鐵板一
塊」的東西。

第五章
後殖民主義與女性主義

　　五年之後，也就是一九九三年，薩伊德又出版了他的《文化與帝國主義》一書。在此書中，薩伊德承認自己的《東方主義》忽視或至少低估了非歐洲世界在物質和話語上對於殖民主義的反抗，指出西方與非西方的關係，永遠不可能是一個積極主動的西方入侵者，與一個消極被動的非西方本地人的關係。在非西方的本土，總是存在一些積極的對抗形式，而且在絕大多數情況下這種對抗最終會勝利。但是薩伊德還是拒絕把反殖民的對抗（anti-colonial resistance）等同於反殖民的批判（anti-colonial critique）。他認為對抗的文化依然存

在自己理論與實踐方面的局限，尤其是在推行
沙文主義與集權主義的後殖民的民族國家。這
種沙文主義與集權主義本身就是抹煞差異的、
一體化的牢房，它倒退到前殖民時代的專制統
治；而且在其極端的反西方的核心，這種反殖
民的民族主義忽視乃至維護民族國家內部的專
制權力與非正義。薩伊德堅持認爲，殖民等級
和結構的徹底摧毀必須與對於後殖民民族國家
內部專制的批判相結合，它要求一種業已啓蒙
的思想共識，它拒絕民族主義優越感與自大心
理。也就是說，只有當民族主義變得更加具有
「自我批判精神」、當它能夠把注意力指向「所
有被壓迫階級的被剝奪的權利」的時候，它的
反殖民主義思想激情才能得以恰當地實現
（Said, 1993）。

　　薩伊德的這個立場促使後殖民主義者重新
考慮爭取國際間的平等地位與拓展國內的自由
民主空間之間的關係。第三世界國家的反殖民
鬥爭與其他解放活動（比如女性主義運動）結
成聯盟，充分理解後者的意義。薩伊德指出，

後殖民政治學的學者還沒有充分關注那些最大
限度地削弱權威的、集權的或男性中心主義的
思想的觀念。

一、女性主義還是新東方主義？

後殖民主義與女性主義之間無論在實踐上
還是理論上都呈現出十分複雜的關係。它們之
間的一致性是顯而易見的。這兩種思想體系都
關注對於在統治結構中被邊緣化的他者的研
究，並維護他們的利益，其選擇的戰略也是相
似的。它們都以顛覆性別的、文化的、種族的
等級秩序爲己任，並利用後結構主義來否定男
性主義與殖民主義的共同基礎——二元對立的
思維方式。然而，只是在最近的一段時間，後
殖民主義與女性主義才結成了同盟，促成這種
聯盟的因素是雙方都認識到自己的局限；而在
此前大多數的時間中，兩者之間存在嚴重衝
突。導致衝突的原因主要是：圍繞第三世界婦

女解放問題雙方缺乏一致意見，比如如何看待帝國主義與女性主義的關係；如何認識殖民主義者利用女性主義的標準支持自己的「文明化使命」(L. Gandhi, 1998:83)。

最重要的分歧發生在關於「第三世界婦女」的問題上。有些女性主義的後殖民主義者認為，僅僅關注種族的政治，必然忽視婦女在帝國主義狀況下的「雙重殖民化」境遇，這種理論假設：第三世界的婦女是本土的與外來的父權制帝國主義意識形態的雙重犧牲品。在女性主義者看來，反殖民的民族主義同樣存在嚴重的性別歧視，而後殖民主義理論在這方面則表現出嚴重的理論盲視。

而在一些後殖民批評家看來，西方女性主義津津樂道的所謂「第三世界婦女」及其對於性別差異的強調，是帶有殖民主義色彩的。無論本土的婦女走到哪裡，西方的女性主義者都要求她展示所謂的「差異性」。對於本土女性的色彩斑斕的差異性的這種強調，不過是滿足了西方婦女的一種陰暗的窺淫欲望，差異意識設

立了一個隱含的文化等級：西方女性主義者是比第三世界婦女更優越的女性，她們擁有爲「不幸的姐妹」指引解放道路的特權。

在〈在西方的注視之下：女性主義的學術與殖民主義的話語〉（"Under Western Eyes: Feminist Scholarship and Colonial Discourse"）一文中，莫漢蒂（C. T. Mohanty）指出，「第三世界婦女」這個範疇在兩個意義上是殖民主義性質的。首先，它是種族還原主義的，即把第三世界的婦女看成是「鐵板一塊」的東西，無視在第三世界婦女之間存在大量物質與歷史的差異；其次，它透過把「第三世界婦女」當作與第一世界婦女相對的「他者」，以鞏固西方女性主義者的自我身分。這樣，西方的女性主義者實際上生產出了一種雙重殖民化的敍述，以便把第三世界婦女政治上的不成熟與第一世界婦女的成熟進行對比。把第三世界婦女再現爲貧苦的、沒有受過教育的、束縛在傳統中的、以家庭爲中心的，這正好可以反襯出西方婦女是富有的、有教育的、現代的、自

我決定的,她們能夠控制自己的性與肉體。也就是說,第三世界婦女的文化「貧乏」強化著西方女性主義的拯救意識形態(羅剛等,1999:415-432)。

在很大的程度上,上述對於自由主義的女性主義所含之帝國主義傾向的批判,吸收了薩伊德對於殖民話語的理解:殖民話語是一種再現被征服的他者的文化特權,無論是東方主義者還是女性主義者,都試圖透過一個共同的詞彙來言說第三世界,這個詞彙堅持他們(第三世界)不能再現自己,他們必須被再現。因此「第三世界的婦女」可以被視作是西方知識的另一個對象。

史碧娃克對於這種自由主義的女性主義知識系統同樣進行了挑戰。在〈一個國際框架中的法國女性主義〉("French Feminism in an International Frame", 1987)一文中,史碧娃克以女性主義者柯莉絲多娃(J. Kristeva)的《關於中國婦女》(*About Chinese Woman*)為例,批評了自由主義的女性主義者的自戀。

在柯莉絲多娃的文本中，中國的婦女翹首以待
地期盼著法國女性主義者的演說，在處於被觀
察地位的中國婦女的沈默無言與處於觀察地位
的女性主義者的話語霸權之間存在嚴重的鴻
溝。我們從來聽不到中國婦女的聲音。史碧娃
克說：「面對這些沈默的婦女，她（柯莉絲多
娃）的問題與其說與她們相關，不如說與她自
己的身分相關。」（Spivak, 1987:137）史碧娃
克的解構式閱讀所要質疑的就是這些第一世界
的女性主義者的「認識論暴力」，這種暴力使她
們成為權威性的認識主體，而中國的婦女則成
了被動的、被剝奪了話語權的認識對象。史碧
娃克深刻地指出，《關於中國婦女》實際上是關
於柯莉絲多娃自己的一本書，它只不過調用第
三世界婦女的差異性以作為談論自己的原料。
展現在柯莉絲多娃面前的物質的與歷史的舞
台，只是一個自我確證的機會。這些女性主義
批評家對西方的或資本主義的「他者」（第三世
界婦女）的興趣無疑是自我中心的。在這個意
義上說，她們不過是殖民主義的同謀。

　　但是，上述對於西方自由主義的女性主義的批判也存在局限。她們都把「眞正的」第三世界婦女的認識論上的不透明性（opacity）本質化或理想化了。在她們看來，第三世界的婦女總是處於西方分析範疇之外，她們是與西方完全不同的另一種意義與經驗的載體；但在這樣做的時候，這些批評者悖論式地重新賦予第三世界婦女她們開始時要加以破除的偶像性。這個新近重獲的形象現在被假設爲反殖民抵抗的凱旋場。這是一種倒轉的種族中心主義（reversed ethnocentrism），它本質上與薩伊德所批判的東方主義的總體化思維沒有根本區別。

二、性別化的賤民

　　如上所述，激進的後殖民理論傾向於把自由的女性主義視作爲一種新東方主義（neo-Orientalism），薩伊德認爲，東方主義是爲了

帝國主義的目的而創造東方或把東方東方化的
一種霸權話語。用薩伊德的話說：

> 出現在東方主義中的東方是一個由一整套
> 把東方帶入西方的學術、西方的意識以及
> 西方的帝國的暴力形構而成的再現體系。
> （Said, 1991:202-3）。

在把第三世界的婦女設想爲「鐵板一塊」的分
析範疇方面，女性主義無疑隸屬於殖民知識體
系。

正如莫漢蒂所說的：

> 如果沒有鐵板一塊的、創造了「第三世界」
> 的話語，那麼就不可能有（獨特而富有特
> 權的）第一世界。如果沒有「第三世界的
> 婦女」，西方婦女的特殊自我表徵將是成
> 問題的。……對於第三世界婦女的鐵板一
> 塊的界定，是與更大的「超功利的」學術
> 研究的經濟以及意識形態的實踐聯繫在一
> 起的，也是與所謂的多元主義聯繫在一起

的。這種多元主義是對於非西方世界的經
濟與文化的潛在殖民統治的表面化表達。
　(Mohanty, 1994:215-216)

因而在將本土女性「他者」的差異性／特殊性
加以本質化的女性主義研究中，都存在帝國主
義的影子。

　　錯誤的根源在於霸權化的西方女性主義話
語所聲稱的再現／代表特權（在英文中，repre-
sent有「再現」與「代表」的雙重涵義）。以自
由與學術相標榜的女性主義者在道貌岸然地嘗
試爲第三世界本土婦女說話時，恰恰剝奪了後
者的聲音。史碧娃克在〈賤民能夠說話嗎？〉
（"Can the Subaltern Speak?"）這篇重要的
文章中，史碧娃克深入探討了作爲研究主體的
調查者（如西方女性主義批評家）與作爲「賤
民」的研究對象（如第三世界婦女）之間的複
雜關係。她問：「我們如何才能觸及人民的意
識？賤民能透過什麼樣的聲音─意識說話？」
（Spivak, 1985；參見羅剛等，1999）這樣，

史碧娃克把我們置於再現／代表與可再現性／
可代表性這個熟悉又難辦的領地。歷史學家與
研究者如何才能避免不可避免的風險：把自己
當作賤民意識的權威代表？知識份子是否應該
放棄再現／代表？何種知識份子有資格再現
（代表）何種賤民？是否存在不能被再現（代
表）的、但又能夠知道自己並言說自己的賤民？
誰是眞正的或代表性的賤民（尤其是在帝國主
義者提供的參照框架中）？

　　史碧娃克深刻地指出，性別化的賤民（gen-
dered subaltern）所以消失，是因爲我們從來
不聽她們言說自己。她不過是各種相互競爭的
話語不斷加以利用的工具，是書寫著其他欲望
與意義的文本。

　　史碧娃克的〈三個女性文本與一種帝國主
義批評〉（"Three Woman's Texts and a
Critique of Imperialism", 1985）同樣是論述
第三世界婦女在自由主義的女性主義話語中的
缺席。此文展現了後殖民主義批評與女性主義
批評之間衝突的核心。文章指出，在那些慶賀

西方女性主體的出場的文獻中，第三世界婦女
是明顯缺席的。史碧娃克說，西方女性主義的
理想女性形象，是以西方自由主義的個人主義
價值觀為基礎的。對於婦女歷史的重讀表明，
西方的女性主義歷史運動就是依據這種個人主
義的女性來界定自己。女性主義的學術研究從
來不考慮女性個人主義的戰場在什麼地方，也
不關心與個別的自由個人主義的女性成就相聯
繫的大量被犧牲與排除掉的女性。史碧娃克的
文章就是要重新發現被歐美女性主義壓抑與遺
忘的歷史。女性個人主義者是在與中心與強勢
力量的關係中闡述自己的，本地的婦女在這個
關於婦女的規範的出現過程中被排除在外。史
碧娃克透過對於《簡愛》的分析，把這個西方
女性主義推崇備至的文本置於歐洲帝國主義的
時代語境中，指出十九世紀歐洲的文化與文學
生產是無法擺脫帝國主義計畫的歷史與成就
的。因此只要女性主義者在這個時期尋找其靈
感源泉，那麼它就必然帶有帝國主義話語的特
徵（參見羅剛等，1999:158-179）。

三、兄弟對姐妹

　　儘管在批評自由主義的女性主義的西方中心主義與帝國主義傾向方面，後殖民主義批評顯得振振有辭，但是，在與自由主義的女性主義的鬥爭中，後殖民主義最終不能解決「女性主義的解放」與「文化的解放」兩個訴求之間的衝突。正如佩特森（K. H. Peterson）指出的，它不能解決爭取婦女平等的鬥爭與反對西方文化霸權之間的鬥爭之間哪個更加重要、更加優先以及兩者之間的關係等問題。如果說當代自由主義的女性主義至少部分地「出身」於帝國主義，那麼，後殖民主義則常常把反殖民鬥爭與第三世界的婦女解放對立起來，使得女性主義與後殖民主義兩種訴求二元對立化。

　　在法農的《一種垂死的殖民主義》（*A Dying Colonialism*, 1965）這本書中，法農把「帶面紗的阿爾及利亞婦女」（the veiled Al-

gerian woman) 假設爲殖民主義與後殖民主
義之間鬥爭的場所，相應地，對於阿爾及利亞
父權制度的批判被解讀爲瓦解阿爾及利亞民族
革命同盟的帝國主義戰略。法農告訴我們，殖
民主義者透過阿爾及利亞的婦女來解構阿爾及
利亞社會：

> 如果我們想要摧毀阿爾及利亞的社會以及
> 它的反抗能力，那麼我們首先必須征服婦
> 女，我們必須在遮掩她們的面紗後面、在
> 男人們用來隔離她們的房子裡面發現她
> 們。(Fanon, 1965:57-58)。

法農的修辭自覺地把婦女的面紗政治化，把殖
民主義重新指定爲「揭開阿爾及利亞的面紗」
的工程(the project of "unveiling Algeria")。
而民族主義者則把面紗當作對於西方殖民主義
的政治抵抗的隱喻加以欣賞。阿爾及利亞的婦
女只有透過對殖民主義「改革者」的婦女解放
邀請說「不」，才能成爲反殖民的民族主義革命
的夥伴。法農要求阿爾及利亞婦女忠誠於自己

的民族，抵制西方自由主義女性主義的誘惑。
這表明了法農站在民族主義立場上對於婦女解
放的焦慮，史碧娃克把這種焦慮概括為：「白
人男人正在把棕色的婦女從棕色的男人壓迫下
解放出來。」(Spivak, 1988；參見羅剛等，
1999) 在法農的理解中，棕色人種的同胞之愛
必須勝過或優先於白人女性主義入侵者的腐蝕
性的婦女解放訴求。換言之，阿爾及利亞婦女
對於自己的約束、安於自己在與棕色男性同胞
關係中的被壓迫命運，就是對於反殖民鬥爭的
最大貢獻。反之，如果她們聽信西方女性主義
者的蠱惑，要求男女平等的權利，就成了自己
民族的敗類與叛徒。

　　梅游 (K. Mayo) 的《母親印度》(*Mother
India*, 1928初版，1986再版) 一書對於印度婦
女的悲慘命運、男人的專制粗暴等等做了描
寫，並以男人對於婦女的不文明的、粗暴的態
度為理由，證明印度人缺乏自我統治的能力。
此書一出版，就遭到強烈的批判，相繼出版的
《父親印度：對於母親印度的一個回答》

　(*Father India: A Reply to Mother India*)、《一個母親印度的兒子的回答》(*A Son of Mother India Answers*) 之類書籍，痛斥《母親印度》是爲殖民統治尋找藉口。還有一些匿名作者的作品，如《姐妹印度》(*Sister India*) 則乾脆認爲，女性主義的標準是外來的（西方的），不適合印度。它運用文化本眞性的修辭辯稱，印度婦女的解放必須用本土的語言表達，梅游所推薦的婦女解放方案必定破產，因爲它要讓印度的婦女成爲其西方同類可憐的拷貝。

　　如果印度的婦女原封不動地複製或模仿西方婦女，這將是印度的災難。印度的婦女將透過自己的方式進步。我們絕不準備把西方今日的婦女視作模仿的對象。在西方被當作是婦女解放的東西不過是家庭瓦解的堂皇稱呼。(L. Gandhi, 1998:95-96)

　《姐妹印度》不僅把西方的女性主義妖魔化，而且也顯示了印度民族透過其婦女將其獨

特的文化身分本眞化的程度。查特基（P. Chatterjee）則發現了一種獨特的與西方價值妥協的民族主義（相似於中國的「中體西用」或「中國的精神文明，西方的物質文明」）。他認爲，這種妥協的民族主義透過把文化領域分爲物質領域與精神領域，來回應西方文明的強制性要求。在物質領域中與西方對抗是十分困難的，但是印度的精神文化的優越性不容置疑；而在民族的精神文化方面，家庭以及家庭主婦是無比重要的。「家庭在本質上必須不受物質世界的世俗活動的影響，而婦女則是家庭的表徵／代表。」（Chatterjee, 1993b:96）《姐妹印度》擔心的是《母親印度》一書會促使民族（精神）的家庭生活的管理員（婦女）模仿西方，將歐洲帶入印度社會的基本單位──家庭。查特基書中的資料來源顯示，對於「本眞的」印度女性的民族主義投資產生了一種新的敵人──Memsahib（印度人對於西方婦女的尊稱）。這樣，爲了確立印度婦女與西方婦女之間的區別，就必須把Memsahib妖魔化。在對於

西方「女性主義」的民族主義的焦慮中，可以
覺察到後殖民主義對於自由主義的女性主義的
仇恨的歷史根源。對於婦女問題的民族主義的
立場，導致了棕種男人與白種婦女之間直接對
抗。佛斯特的《印度之旅》將這種歷史性的敵
對表現得極其出色。在這部影片中，本地男人
與西方婦女相互之間充滿敵意。

四、性別歧視與種族歧視

　　看來，後殖民主義與女性主義之間要進行
富有成果的合作，就必須同時反抗兩種話語霸
權：一種是帝國主義的（西方的）男性中心主
義，一種是民族主義的（非西方的或第三世界
的）男性中心主義。在最近的幾年，出現了一
個一個規模不大、但是十分重要的批評家群
體，他們嘗試把殖民遭遇或殖民者與被殖民者
的衝突，重新解讀爲兩種對立的男性中心主義
之間的的鬥爭。在這種鬥爭中，殖民宗主國的

婦女與被殖民國家的婦女，實際上都成為對抗的男性之間的鬥爭犧牲品與象徵性中介，也是他們共同利用的對象。如果反殖民的民族主義透過精神的家庭生活的「女性管理員」而把自己本真化，那麼，男性的帝國主義倫理同樣透過自己國家中的「女性天使」的形象來提取其「文明使團」的精華。麥克柯琳托克（A. McClintock）在她的近作《帝國的羽毛》（*Imperial Feather*）中分析了帝國在其女性方面的投資，她寫道：

> 控制女人的性，頌揚母性，撫養帝國建造者的男性後代，被廣泛地理解為維護男性帝國主義體制的健康與財富的首要手段。
> （McClintock, 1995:47）

殖民主義的文明化使團透過自我犧牲的白人家庭婦女形象來再現自己。在此，婦女的形象成了把自我利益與道德優越轉化為自我犧牲與種族優越的殖民意義系統的工具。

在這樣的語境中，麥克柯琳托克等人的研

究挖掘出了性別對抗的潛在方面。她認爲，帝
國的男性特徵首先是透過把自己征服的土地加
以象徵性的女性化處理而得以闡述、確立的。
比如關於開發維吉尼亞的神話就是如此。

> 帶著男性的命名特權，白人男性使得美國
> 身分成爲他的身分的擴展，把男性歐洲的
> 領土特權標在她的（新大陸的）軀體以及
> 她的土地的果實之上。(McClintock, 1995:
> 26)

　　而法農則表明了這種對於領土／性別的喪
失的焦慮，如何在被殖民的男性身上生產出相
應的領土／性別重獲的幻想：

> 我與白人的文化、白人的美、白人的白
> (white whiteness) 結婚，當我的手不停地
> 觸摸這些白色的胸脯的時候，它們抓住的
> 是白人的文明與高貴，並把它變成我的。
> (Fanon, 1967:63)

領土衝突與欲望衝突都透過性別的語言表達出

來。在被殖民的國家,如印度,西方統治者就像是強姦印度婦女的白人男子,因而他們同時也是印度男子的性別復仇對象;而印度男人對於在印度的英國婦女的強姦,同樣也混雜著一種民族主義的衝動。我們在中國與西方(包括日本)侵略者的對抗話語中,同樣可以發現:姦污中國婦女既是殖民征服的標誌,也是激勵反殖民鬥爭的最重要動力之一(表達民族主義復仇欲望的文本總是反覆突出帝國主義者對於中國婦女的獸性行為)。

法農的《黑皮膚,白面具》也涉及到了阿爾及利亞的殖民衝突與性別的關係問題。對此的廣泛研究使作者得出結論:被殖民的男性是殖民男性的真正的他者。有些學者將這個觀點應用於印度,指出殖民男性透過參照所謂的印度男性的女子氣(effeminacy)而確立自己的男子氣概與統治合理性。麥考萊指出,在殖民主義男人的眼中,「孟加拉人(Bengall)的生理器官比女人還要柔弱,他生活在一個蒸氣繚繞的浴盆中,他的消遣是坐著的,⋯⋯」這樣,

透過把非西方的男人女性化，殖民主義的邏輯
得以合法化。換言之，印度是可以也應當被殖
民的，因爲它缺少眞正的男人。這充分表明了
南迪所描述的性別統治與殖民政治之間的同質
同源性。男人對於女人的「自然」優勢直接對
應於西方對非西方的優勢。歐洲男性在本國與
殖民國家的不容置疑的統治，被表述爲極端的
男性主義。正如南迪指出的：

> 殖民主義是與現存的西方性別成規以及它
> 們代表的生活相一致的。它生產出一種文
> 化共識，在這種共識中，政治與社會經濟
> 的統治象徵著男人以及男子氣對於女性與
> 女子氣的統治。(Nandy, 1983:4)

　　不幸的是，殖民主義的男性中心話語被民
族主義運動徹底地內化了，這種內化既表現在
有些民族主義者悲嘆自己的女性化，也表現在
有些民族主義者對於女性的貶低。在《內部的
敵人》中，南迪在理論上概括了對於殖民主義
的男性崇拜的反抗（在印度民族主義運動中，

也在英國國內）。他區分了兩類形象，一類以甘地為代表。甘地在兩方面否定了民族主義對於男性氣質的呼喚，一是透過對於男性性別特徵的系統批判，二是透過他自己的高度自覺的對於兩性同體的渴望，以及自己想要成為「上帝的太監」（God's eunuch）的欲望。甘地賦予婦女在反殖民主義的主體性的形成中以平等的份額。透過拒絕殖民主義的性別畫分邏輯，他成功地使殖民主義的男性中心的權威符號陷入困境；另一類形象以王爾德為代表（Oscar Wilde）。他也對男性化的所謂強大的英國價值表示質疑，批判傳統的性別認同與性別規範。此外，在其他的作家或理論家，如愛德華・卡本特（Edward Carpenter，她有關於相互轉化的性別的論述）、吳爾芙（Virginia Woolf，她有關雄性激素的描述）等人身上，我們也可以看到後殖民主義與女性主義潛在的合作基礎。這種合作的關鍵在於：要同時批判性別沙文主義的民族主義以及殖民主義，因為兩者擁有表面對立、實則相同的價值體系。

第六章
後殖民主義與民族主義

　　與女性主義的「相遇」促使後殖民主義發
展出一種更有批判性與自我反思性的對文化民
族主義的解釋，在這一章當中，我們要討論的
是後殖民主義關於反殖民國家（anti-colonial
nation）的觀念。信奉「全球政治主義」（cosmo-
politan）的一些後殖民主義批判家一般也承
認，第三世界國家的民族主義具有解殖民鬥爭
的重要特徵。薩伊德雖然對於文化特殊主義
（cultural particularism）持保留態度，但也
同時承認，在阿爾及利亞、印度尼西亞等地，
武裝反抗與文化反抗攜手並進，在武裝反抗的
同時，努力堅持自己的民族認同／身分，以自

決與民族獨立為共同的目標（Said, 1993:
102）。

　　相應地，後殖民批評家承認，任何對於殖
民遭遇（colonial encounter）的適當解釋都必
須在理論與歷史上介入亞洲與非洲的民族主義
問題。與此相關的一系列問題是：這些風起雲
湧的民族主義只是對於殖民統治這個事實的簡
單反抗嗎？民族（nation）的觀念是否與第三世
界的文化地誌學（cultural topography）緊密
相關？反殖民的民族主義是不是一種外來的或
移置的話語？最後，在亞洲與非洲的民族國家
中出現的、常常是過激的特殊主義，是不是與
國際主義與全球化的夢想相衝突？

一、民族主義的悖論

　　雖然安德森（Benedict Anderson）認為
民族性是我們時代的政治生活中被最廣泛接受
的價值，但是悖論式地，對於民族性的分離主

義式的訴求又常常被認為是政治上的不合法性
的標誌。言下之意似乎是：有些民族主義是好
的，有些則是壞的（Anderson, 1991）。在〈民
族主義對抗國家〉（"Nationalism Against
the State"）中，達衛・洛伊（David Lloyd）
把對於此類好的或壞的民族主義的區分歸結為
一種更深層次的對立。他認為，西方的反民族
主義偏見產生於一種歷史上根深柢固的宗主國
對於第三世界國家反殖民運動的反感。在回應
解殖民運動的威脅時，自由主義不能在西方民
族主義（所謂「好的」民族主義）與第三世界
反西方的文化民族主義（所謂「壞的」民族主
義）之間作出判斷。他指出，西方的反民族主
義具有後殖民主義不能忽視的帝國主義思想的
歷史（Lloyd, 1993）。那麼，民族主義獲得西方
學者的理論認可或敵視的條件是什麼？

　　對於許多學者來說，民族主義的無可質疑
的合法性來自其與現代性的關係。吉爾納
（Ernst Gellner）與安德森等人都把民族主義
視作適合於現代世界的社會與思想狀況的唯一

一種政治組織形式加以維護。吉爾納把民族主義的出現歸因於從「前工業化經濟」到「工業化經濟」的歷史性轉化。隨著社會組織的形式變得越來越複雜，這些形式要求一種更加同質、便於合作的勞動力與政策。這樣，工業社會生產出了民族主義意識的經濟條件，而民族國家的機構又在政治上進一步鞏固著這種經濟條件。安德森還指出了民族主義的興起與世俗化的關係。與歐洲民族主義的出現相伴隨的是宗教思維方式的衰落。啓蒙運動的理性化世俗主義導致了體現於宗教共同體等中的舊的信仰體系與聚合力的衰落。也就是說，民族主義填補了「天堂」倒塌所留出的空位，適合這個目的的莫過於民族的觀念。民族因而是激進的世俗化現代想像的產物（Anderson, 1991）。

　　上述對於現代民族國家的目的論解釋，顯示了一種黑格爾式的偏見。黑格爾把人類的歷史描述爲從自然的黑暗狀態進入「歷史」（history）的進步過程，而「歷史」反過來提供了現代性的敍述。歷史是理性的自我意識的載體，

透過它，不完美的人類精神走向對於自己的總
體性的更高認識。即是說，「歷史」是促生理性
的過程，透過這個過程，個體的異化本質得以
克服，獲得內在的同一性。對於黑格爾來說，
理性、現代性、歷史的最後目的都透過民族國
家找到了自己的表現形式。

　　黑格爾的歷史目的論導致了一種關於民族
性的意識形態，在這個意識形態中，當代世界
中的民族國家被描述爲最合乎理性的典型的政
治組織與認同形式，國際交往只能在國家以及
它的代表之間進行。同樣，個體主體性也只有
透過一套關於公民身分的語言而得到最現成、
最方便的表達。

　　但即使如此，西方思想家依然對於第三世
界國家不斷增加的民族欲求表示深深的憂慮。
李歐塔注意到，西方世界中即使對於「進步的」
民族主義擁戴備至者，也具有一種根深柢固的
基本矛盾心理。民族主義是現代性的產物，同
時又悖論式地被假定爲前現代的或返祖情緒的
發酵劑，民族主義既被認爲是黑格爾式的理性

的實現，同時，關於民族成員之間緊密關係的詩學（poetics of national belonging）又常常被認爲是非理性的。

　　湯姆・奈恩（Tom Nairn）對於這種自我懷疑的自由主義的民族主義話語提出了建設性的回答。他認爲，所有民族主義的創始符碼都帶有自相矛盾的標記：既是健康的，又是病態的（非理性的形式、集體自我中心、偏見等）。如果民族發展的修辭保證了一種向前看的視點，相應的民族依戀的修辭就會激發傳統的潛在能量。民族主義是一個雙刃劍，它激勵社會透過特定種類的回歸——向內看、援用遠古的資源、神話英雄、民間故事等——把自己推向一個特定的目的（工業化、繁榮、與其他民族的平等）。奈恩不是簡單地譴責民族主義的返祖基礎，而是把對於民族性的懷舊衝動視作一種補償——一種減輕「進步」與「發展」的負擔的努力。民族主義延緩現代性的進程的情形也是如此（Nairn, 1977）。

　　奈恩的分析表明了民族主義的結構性脆

弱，對於它的內在不穩定的、自我解構的話語
作出了有力的解釋。民族主義雖然體現了以啓
蒙主義爲特徵的普遍進步觀念與現代性觀念，
但它同時混合進了對現代性（modernity）的內
在批判的條件，它因此同時是「好的」與「壞
的」，

> 民族主義的實質在道德上、政治上、人性
> 上總是模稜兩可的，這就是爲什麼對於這
> 個現象的道德化的視角總是失效（無論是
> 讚美它還是批判它），這種視角只是簡單
> 地抓住民族主義的這個方面或那個方面，
> 而不承認把兩者連接在一起的源頭。
> （Nairn, 1977:348）

當然，現代性的意識形態不可能承認其產兒
——民族主義——的內在矛盾與雜交性，而後
殖民主義則正是從這種內在矛盾入手理解西方
的反民族主義衝動。根據奈恩的分析，我們能
否把宗主國的反民族主義診斷爲：透過把「回
歸」、「復古主義」加到非西方國家的民族主義

頭上，而清除歐洲民族主義中的自身返祖主
義。多數歐洲的反民族主義者認爲，當進步的
民族主義在非西方世界表現爲反殖民主義時，
它就危險地偏離了進步的軌道，非西方世界的
文化民族主義悲劇性地歪曲了民族性修辭中的
現代性。比如霍布斯邦（E. Hobsbawm）就把
二十世紀後期反殖民的民族主義運動理解爲現
代性的反面，認定它「本質上是消極的、製造
分裂的，它們是對現代政治組織（民族的與超
民族的）模式的反動，是一種無力與恐懼的反
應，嘗試設立障礙不使現代世界的力量靠近。」
（Hobsbawm, 1990）

　　霍布斯邦的批判矛盾指向亞洲與非洲的反
殖民鬥爭，他對於反殖民的民族主義的批判使
人想起黑格爾關於古代東方文化的「處於歷史
之外」的觀念。黑格爾的歷史哲學認爲，文明、
現代性以及眞正的歷史起源於歐洲。在這個關
於世界歷史的描述框架中，非西方世界被貶爲
文明化過程之外的模糊不清的「前歷史」，是完
美適當的民族國家形式之外的前歷史。這樣，

西方世界以外的那種民族主義就只能是偏狹
的、不成熟的，是對於自由國家的啓蒙原則的
威脅，是不完整的或「失敗的」現代性的徵兆。

　　除了批評西方世界對於非西方的民族主義
的種種吹毛求疵、自相矛盾、內外有別以外，
最近的一些後殖民批評家還嘗試建構一種更加
開放的而不是狹隘本土主義的民族認同形式。
在這方面，薩伊德的《文化與帝國主義》因拒
絕認同「第三世界」的好鬥的本土主義形式回
歸而顯得引人注目。

　　薩伊德認爲，後殖民國家在堅持其文明的
另類性(civilizational alternativity)的時候，
不應當把所有一切都過於輕易地歸入對於帝國
文化的挑戰式反抗，結果是產生一種反動的政
治形式。依據薩伊德，印度的民族主義或葉慈
的神秘主義，透過對於自身社會以及相應的歐
洲現代性的本質上是「否定的」與防衛性的理
解而受到極大的局限。他認爲這種民族主義是
自我挫敗的(self-defeating)，因爲它只是重複
殖民話語中的那套二元對立與等級序列。葉慈

的神秘主義與對於神話的懷舊，已經被關於愛爾蘭的內在性與種族差異性的有偏見的殖民認識所強化。就是說，接受本土主義即是：

> 接受帝國主義的結論，即接受帝國主義本
> 身所強加的關於種族、宗教與政治的畫
> 分。爲了諸如愛爾蘭性（Irishness）等本質
> 的形而上學而擺脫歷史的世界，就是爲了
> 本質化——它具有使人類彼此對抗的力量
> ——而放棄歷史。(Said, 1993:276)

薩伊德對於過激的本土主義的批評，是建立在他自己的貫穿始終的全球政治主義理想基礎上的。他認爲民族主義（特別是以反殖民方式表現的民族主義）既有其必然性，又有其局限性。如果民族主義激發解殖民鬥爭的對抗性能量，並因而有其進步意義，那麼後殖民的獨立的實現則應當提醒人們警惕民族主義的局限。然而有些後殖民批評家認爲，薩伊德的觀點雖然是合乎願望的，但他傾向於把反殖民的「本土主義」描述爲通向自由與公平的國際主義理想的

唯一障礙。事實上，這是不太公正的。我們在
對於過激的或走火入魔的本土主義持必要的批
評態度的同時，也要分析是什麼樣的社會文化
狀況導致了偏執狂式的對於本土主義的反感
(L. Gandhi, 1998)。比如迪恩 (Seamus
Deane) 就認為，只要殖民主義與帝國主義國家
仍然把自己普遍化，那麼，它們必然就把對於
它們的任何反抗都斥責為一定是狹隘地方主義
或本土主義的。雖然對於殖民主義的反抗的確
常常表現為對抗式的本土主義；但是，同樣真
實的是，對於本土主義的指責同樣導致過於簡
單的對於反抗的否定，剝奪反抗的合法性。本
土主義或返祖現象構成了傲慢的現代性話語的
不可分離的「他者」，這種在積極的／現代的與
消極的／前現代的民族主義之間所作的整齊劃
一的畫分，把所有地方性的、難對付的、複數
的民族主義變體統統歸入邪惡的本土主義
(Deane, 1990)。必須承認：那些否定或拒絕
單一現代性內容的民族主義形式並不都是狹隘
民族主義的，也並不都是有意設計來使人類彼

此對抗、相互仇恨的。

　　從另外的角度看，要理解後殖民主義與民族主義之間的關係，需要一種歷史分析的眼光，即亞洲與非洲的後殖民性狀況一直是透過民族性的話語與結構而得以調節與確立的，擺脫殖民狀態的工程是透過獨立的民族國家的建立而得以合法化的，因而民族主義同樣爲各種解殖民鬥爭提供了革命詞彙，而且它也長期被承認爲是各自分離的反殖民運動藉以獲得連貫性與整合力量的政治動力。也就是說，透過把矛盾指向「共同的」敵人，民族主義把混雜的大衆運動的分散能量整合在一起。

　　法農也論述了作爲對於殖民主義的反抗的民族主義有利於加強各個社會階層與社會力量——如工人、農民、資本家、資產階級菁英等——之間的團結，而且這種反抗還被用於另外一個目的——徹底改革被殖民社會內部的各種消極方面。用法農自己的話說：那個被剝奪了生存權利、已經習慣於在封建的與敵對的小圈子中存在的民族，現在在一個莊嚴的氛圍中從

事淨化民族面貌的偉業。

　　雖然法農並不認為解殖民化是非西方國家的民族主義的唯一合法目的，但是他認為它是被殖民的文化得以克服其西方殖民種族主義所造成的心靈創傷的一種治療方法。在《地球上受苦受難的人們》一書中，法農由於反殖民的民族主義具有彌合殖民文化所造成的歷史創傷的能力，而肯定了這種民族主義。在這樣的語境中，民族主義實際上意味著重新獲得民族整體性的努力，它變成了一個再領土化的過程，這個過程透過挑戰殖民文化的種族優越性與「雙重公民標準」而獲得平等的意識。

　　由於後結構主義的影響，後殖民主義近來傾向於偏愛各種反霸權的反殖民主義，這種反殖民主義旨在顛覆而不是倒轉殖民話語中的二元對立。這種轉向充分體現於霍米・芭芭的作品中。它力圖證明分散的、錯位的被殖民者的主體性 (dispersed and dislocated subjectivity of the colonialised)，在這種主體性中，本土的反抗透過拒絕殖民主義製圖學中被指定

的位置而挫敗了殖民統治的邏輯，從而保證被
殖民的主體性並不被吸納到殖民主義意識形態
中。

二、反殖民的民族主義：一種
　　移植的話語？

　　在反殖民的民族主義的出現背後，存在一
種強有力的、不屈不撓的動力，即差異意志
（will-to-difference）。在新近活躍起來的反
殖民主義模式中，民族的意識拒絕普遍化的帝
國地理學（the universalising geography of
empire），並透過「民族」來命名自己反抗性的
文化選擇。但是在反殖民的民族主義的核心，
依然存在一個悖論。如上所述，一般認爲民族
性（nationness）與民族主義是十八世紀末歐洲
的發明。安德森指出，這個新發明的歐洲民族
性直接獲得了「標準的」（modular）的特點，
這種特點賦予它在各種地方傳播與移置的能
力。透過把所有的民族主義都歸入「海盜」行

為的類型學，安德森拒絕承認替代的、另類的
民族主義的可能性。這樣所有的「後歐洲的」
民族主義（post-European nationalism）都被
剝奪了創造性（Anderson, 1991）。

　　當然，安德森的所有民族主義都具有同質
性的觀點是可以質疑的。不過在像印度這樣的
國家，民族性的建構工程的確被一種模仿的焦
慮——印度的民族主義只是歐洲後啟蒙話語的
可憐的拷貝——所折磨。

　　在自由主義的歷史學家中有這樣的一種共
識：民族主義思想是透過歐洲民族歷史的教學
與傳播而獲得的，而巨大的殖民教育機構又使
得被殖民國家的人們吸收了西方啟蒙哲學的革
命思想，並轉而以之反抗它的宗主國。比如印
度民族主義的獲得如果離開歐洲的殖民是不可
思議的。安氏指出，西方化／現代性透過撥開
前現代的宗教虔誠的迷霧而得以前進，用新的
民族主義的感情取代舊的上帝。殖民統治者透
過把公民自由的價值以及憲政式自我統治理念
灌輸給自己的子民而「搬起石頭砸自己的腳」。

也就是說，西方殖民者給殖民地國家的人民灌輸現代思想（包括民族主義思想），而殖民地的人民則用這個「借來」的武器反抗殖民者。用安德森的話說：「十九世紀的殖民地國家辯證地生產出了最終與自己作對的民族主義的語法。」（Anderson, 1991:xiv）但是換一個角度看，反殖民主義的民族主義依然是一種外來的話語，它因而也必然局限於它尋求區別自己的思想結構之中，它利用歐洲西方殖民宗主國的思想來創造解殖民主義的語言。

被這種舶來性（derivativeness）所困擾，反殖民的後殖民主義者面臨的悖論與苦惱是：殖民主義本身就是民族主義的一種形式。換言之，問題不僅是反殖民的民族主義的課程是（悖論式地）由殖民統治者教授的，而且殖民主義的領土掠奪行爲，本身就是由十九世紀的民族主義推動的。帝國主義只是歐洲民族主義的侵略性的一面而已，而且這種侵略行爲首先發生在西方國家之間而不是西方國家與非西方國家之間。因此近來對於帝國主義的研究首先把矛

頭對準較早帝國化的西方國家；而在列寧與盧森堡等人的經典帝國主義理論中，則把帝國主義理解爲相互競爭的歐洲國家的統治菁英之間的對抗關係，而不是殖民統治者與殖民地的關係。對於非西方世界的領土與市場的爭奪是西方民族主義出現以後的繼發結果。因而必須思考的一個問題是：反殖民的民族主義只是對於另一種使它感受到壓迫的話語的模仿嗎？

此外還必須承認，如果民族主義滲透在帝國的擴張主義的政治中，那麼它也必然建構著帝國的意識形態。在國家與世界之間的爭論中已經可以見到殖民思維的起始。大多數人認爲國家高於世界，而另一些人則透過康德的方法認爲，只有普遍性的（有利於全球的）國家利益才是值得捍衛的。在這種情況下出現的民族主義或帝國主義的變種是：我們的國家是人性最完美的體現，因而我們的國家的擴張就是合乎普遍主義原則的。甚至當柯莉絲多娃的《沒有民族主義的國家》（*Nations Without Nationalism*, 1993）一書聲稱：「試問我們還

能夠在（除法國以外的）別的什麼地方發現一種更加尊重他者、更加關注公民權利、個體獨特性的理論與政治嗎？」的時候，我們不也可以發現上述推理方式的幽靈嗎？

　　自由主義者認為民族主義的積極方面，它應當透過一種好的國際主義的方式提供一種教育，給公民灌輸全球主義的意識；而柯莉絲多娃等人則不同，他們假設歐洲民族具有接納世界其他民族、並把它們提升到現代水準的能力。這樣，殖民主義就成為這個普遍的種族中心的實踐的一個合乎邏輯的結果。這正是十八世紀晚期到十九世紀歐洲民族主義的特徵——所謂「啟蒙了的民族主義」（enlightened nationalism）。托鐸洛夫（T. Todorov）寫道：

> 從這個角度，人性的歷史與殖民化的歷史被混淆了，即與移民和交易的歷史混淆了……最優秀的種族將無往不勝地贏得勝利，因為所謂優秀是透過它們自己贏得戰

爭的能力而得以鑑別的。(Todorov, 1993:
275)

反殖民的民族主義透過各種方式回應帝國主義
思想與民族主義思想之間這種令人痛苦的共生
性。反殖民的差異意志會簡單地成爲對侵略性
的民族主義的複製嗎（正是這種民族主義使自
己處於屈辱的被壓迫地位）？柯恩（B. Cohn）
就認爲，印度的民族主義完全透過它的統治者
（即英國殖民者）的話語而言說，薩伊德在康
拉德的作品中也發現，後殖民的民族國家成了
它的敵人的翻版。康拉德讓我們看到，帝國主
義是一個體系，被統治的經驗打上了統治者的
印記（Said, 1993:257）。

　　在什麼程度上我們可以承認反殖民的民族
主義的模仿本質？如何面對下面的悖論：反殖
民的自由想像本身陷於殖民侵略者的語言牢房
之中？在查特基看來，印度民族主義的錯誤從
根本上說在於它接受了西方的現代性價值，即
使在它堅決拒絕「在現代世界的挑戰性條件下

非西方世界不能自我統治」這個殖民主義教條的時候，也同樣如此。因為只要印度的民族主義開始從事本土的自我現代化事業，它業已宣告自己與殖民秩序的自殺性的妥協：「這樣在它生產出的一種話語中——即使是在它挑戰殖民者的政治統治的時候——它也接收了『現代性』的知識承諾（intellectual promises），而殖民統治就是建立在這樣的承諾基礎上。」（Chatterjee, 1993a:30）結果是，印度民族主義話語的意義依然可以歸入了歐洲的詞源學。民族主義的生產，「只是堅持特殊的言說（utterances），而它的意義則固定於後啓蒙理想思想的理論框架所提供的詞彙與語法系統中。」（Chatterjee, 1993a:39）這樣，對於殖民主義與民族主義的反思就不可避免轉化爲對現代性的反思。

一般認爲民族國家是民族主義的適當目的，是獨特的集體民族認同得以形成的一個基點。在這一點上，以民族國家獨立爲目標的反殖民的民族主義與歐洲的民族主義之間具有一

致性。如同洛德說的，即使在解殖民的狀態下，
「西方的」所謂普遍主義落實的場所也依然是
民族國家的建構，但它試圖把異質的民族主義
想像強行納入西方中心所謂「世界歷史發展」
的單一軌道。因而反殖民運動與殖民帝國之間
的連續性尖銳地表現於簡單移植西方的國家體
制。在這種移植中，民族主義的革命目的被定
位於建構一種西方式的官僚機器。獨立後的印
度國家機器的特點是對於英帝國主義的理論的
信奉，這種理論認為（印度）人民的責任是先
尊奉（帝國主義的理論），然後反抗它（L. Gan-
dhi, 1998:119）。

第七章
走向後民族主義的
新世界

　　上面的討論表明，殖民主義至少在某些方面與歐洲的民族主義之間存在親和性，同時，解殖民的歷史一般也是透過反殖民的民族主義的反抗能量，而得以最有效地聚集與表達。反殖民的革命家（比如法農與甘地）以及後殖民批評家（比如薩伊德）承認反殖民的民族主義在動員、組織被壓迫民族方面的積極作用；但是他們也都傾向於相信，反殖民的民族主義應當以徹底告別殖民邏輯與對抗意識形態，走向一個後民族主義（postnationalism）的新世界為最終目的。與此相關的理論問題涉及：如何認識族裔認同（ethnic identity）與文化民族主

義的政治限度與話語限度、後殖民與文化全球化的關係，以及「雜交性」（hybridity）與「族裔散居」（diaspora）等概念的重要意義。

一、告別本質主義的族裔政治

　　民族意識存在許多誤區，其中最常見的一種是無批判地肯定文化本質主義與族性差異。法農清醒地意識到了僵化的認同觀與身分拜物教——把自己的歷史與文化傳統浪漫地同質化——的危險性，他認為文化本質主義是一種畫地為牢的話語，它僅僅是重複思想的種族化（racialisation of thought）並把它合法化；而這種思想的種族化恰恰與殖民理性（colonial rationality）的暴力邏輯緊密相關。同樣，「對於非洲文化無條件的肯定」只不過是重複著體現於「對歐洲文化的無條件肯定」中的邏輯而已（Fanon, 1990:171）。

　　理想地說，民族意識應當為種族與政治上

開明的全球共同體鋪路；但同時還得警惕的是以國際主義面目出現的西方中心主義，它把自己所謂的普遍主義建立在對於非西方國家的自我意識的否定之上。針對這一難題，法農認為強調自我意識並不是要關閉通向交流的門戶，相反，它是交流的保證。唯一賦予我們國際向度的是非民族主義的民族意識（Fanon, 1990: 199）。

這樣，後殖民主義面臨的關鍵問題就是：在堅持民族自我意識與族裔身分以抵制冒牌的國際主義或普遍主義的同時，不把這種身分絕對化，以實現真正的世界主義。霍爾警告說，持守異見性的文化主義，最多只能被視作「必要的虛構」，或一種只與殖民遭遇的危急狀態相關的策略性本質主義（strategic essentialism）（Hall, 1989）。在殖民主義以後，想像一種新的社會意識的轉化是十分必要的，這種新社會意識超越了由民族意識所促發的僵化的身分與邊界意識。也即是說，後殖民主義應當促進薩伊德所說的一種開明的後民族主義

(enlightened postnationalism) 的出現，在與西方中心主義以及以此爲基礎的所謂普遍主義鬥爭的時候，本土主義不是唯一的選擇。

大量的後殖民理論家似乎同意，後民族主義的話語提供了更加令人滿意的對於殖民經驗的解讀，同時也提供了對於後殖民的未來更加令人滿意的視點。反殖民的民族主義常常把殖民遭遇局限在壓迫與報復的僵死對立中，儘管這種相互的對抗具有歷史與政治的眞實性，但是反殖民的視點把對立雙方的關係簡單化了。壓迫與反壓迫、殖民與被殖民之間的關係是複雜的，具有矛盾心理的。後民族主義就是要追踪在殖民遭遇中的這種不確定性、矛盾性，以便打破在西方人與本土人之間的陳舊而僵化的畫分。它要實現的兩個重要目標是：

首先，要力圖表明殖民遭遇如何導致了殖民者與被殖民者的相互轉化，即是說，殖民者與被殖民者之間並非只有衝突，還存在相互轉化、相互滲透。崔偉迪 (H. Trivedi) 說：

　　把（殖民遭遇的）整個現象視作一個交易，
一個互動的、對話性的、雙向的過程，而
不是簡單的積極──消極的單向過程，是有
用的。應當把它看作是一個包括複雜的談
判與交換的過程。(Trivedi, 1993:15)

　　其次，對於殖民的過去的這種更加緩和的
解讀，生產出一個烏托邦式的後民族主義的倫
理宣言，它獻身於一種文明之間的聯盟 (inter-
civilizational alliance) 以對抗機構化的壓
迫。

　　里拉·甘地指出，有三個條件準備了當代
後殖民思想向後民族主義的話語轉向。一是關
於「全球化」，越來越多的研究堅持認爲，面對
全球經濟的一體化，民族國家的邊界正在削
弱。全球性的資本流動以及伴隨的人口、文化
與技術流動使得這個世界正在麥當勞化
(McDonld'-sisation)，對此的關注是後殖民
主義理論的題中應有之義。因爲在某種意義上
說，殖民主義是全球化的歷史先驅，而全球化

正是現代性的根本特徵。在其對於帝國主義的旅行敘事（travel narratives）的解讀中，普拉特（Mary Louise Pratt）在《帝國的眼睛》一書中注意到這樣的事實：殖民的歐洲中心主義是由一種特別的「地球意識」（planetary consciousness）促生的，這種地球意識生產出一個適合統一的歐洲視點（united European perspective），並由這個視點加以重新部署的關於這個地球的景觀（Pratt, 1992, p.36）。也就是說，帝國的凝視（imperial gaze）傳佈著一個獨特地（以歐洲為中心地）全球化了的關於異類世界的概念。此外，殖民遭遇本身——儘管不正常地——加速著原先分離且自主的文化之間的交往與聯繫。正如薩伊德說的，帝國主義促進了原先分離的、相互對立的民族歷史之間的連續與重合。他指出，帝國的經驗是一種「分享的經驗」，相應地，無論是印度人還是英國人、阿爾及利亞人還是法國人、西方人還是非洲人，都無法逃避殖民的後果。我們甚至可以說，後殖民性只不過是文化與歷史的全球化

的別名而已。

　　後殖民主義理論的後民族主義轉向的第二個條件是對於所謂「認同主義」政治（"identity" politics）的批評與懷疑。很多批評家已經發覺，在維護、強化一種本質化的族裔身分方面，恰恰是西方宗主國起了關鍵性的作用。霍爾在英國觀察到一種狡詐的、以多元文化主義為外表的過程，在這個過程中，對於非西方民族性的他者化與異域情調化，只不過用來肯定並鞏固於「英國性」的霸權主義觀點。在這樣的環境中，族裔總是已經（always-already）被命名為主流的邊緣；相反，英國性或美國性則永遠不被表徵為「族裔」。也就是說，美國人或英國人從來不透過「美國性」或「英國性」來強調自己的族裔認同，這是十分耐人尋味的。對於族裔的維護不管如何都是起著維護中心／邊緣的等級秩序。

　　周蕾（Rey Chow）或史碧娃克這樣的批評家問道：西方宗主國為什麼如此急切地尋求「純粹的西方他者」？周蕾把西方人類學家那

種保存純粹的、本真的本土性的欲望稱之爲「新東方主義」。薩伊德在他的《東方主義》中曾經解讀了西方的知識生產與非西方世界之間的寄生性關係。面對當代的全球化，周蕾認爲這種關係現在受到了威脅。所謂的「本土」(the native) 已經不再能夠用作東方主義者所要求的那種純粹的、不成熟的對象——她已經被西方玷污，已經不能他者化 (unotherable)。因此，當代的東方主義者因爲現存的第三世界本土民族的現代性、因爲非西方的古代文明的失落而悵然若失，扼腕嘆息。他們已經沒有了「他者」(Rey Chow, 1993:12)。西方的知識份子一方面認爲非西方的知識是不合法的，另一方面則又希望非西方世界保持她的「純粹」與「幼稚」，千萬不要西方化。

　　然而宗主國對於純粹的非西方世界的熱衷常常得到一些後殖民批評家的支持。他們同樣熱衷於把一種「純粹的東方」建構爲一個純粹的世界，以便能夠把自己界定爲東方人，界定爲邊緣的、獨特的或超機構的。對此，周蕾深

刻地分析道：

> 一些後殖民批評家透過「少數性」（minor-ness）或另類的話語來保證其職業的特權。東方已經成為移居別國的東方人的一種職業，而自我賤民化（self-subalternisation）的語言已經成為他們在宗主國獲得權威與權力的保險途徑。（Rey Chow, 1993:13）

顯然，這個觀點與我們在第三章第四節中介紹的德希達等人觀點十分相似。

這樣，對於身分政治批評表明：關於族裔本質的修辭透過後殖民對抗與新東方主義之間的合作夥伴關係而被同化，並喪失了批判意義。與這種批評相應的是急切地呼喚一種新的後殖民政治學，它拒絕再津津樂道於本土純粹的「另類性」，拒絕僵死的族裔／種族／民族的標記，堅持自己的種族不確定性（racial indeterminacy），這種新理解的第三世界身分，用崔恩（T. Minh-ha Trinh）的話說，「既不

是同一，也不是他者，她立於不確定的交叉路口，並持續地在這個路口來回漂移。」(Trinh, 1991:74)

促進後殖民主義的後民族主義轉向的第三個認識是：以前那種維護舊團結的對抗話語已經很難得到當今新的對抗政治的支持。比如在保守的英國，種族的對抗現在是透過更加緊密的、圍繞階級軸、性別軸組織的聯盟方式出現；同時，黑人的政治不再能夠透過陳舊的本質化的白人主體與本質化的黑人主體之間不妥協的對立來實施。正如薩伊德指出的，民族仇恨已經進入死胡同，後殖民的「譴責修辭」(rhetoric of blame) 已經喪失魅力，世界很小，相互依賴，譴責的政治學常常被綜合。隨著本質性的民族文化神話的解構，後殖民主義開始思考「停火」，它的希望是：有可能開創一個非暴力的對於殖民歷史的修正，合作政治將取代對抗政治。

薩伊德在他爲《東方主義》一九九五年的修訂版所撰寫的〈東方不是東方〉這篇著名後

記（薩伊德，1997）中，也著重批評了有些第三世界讀者對於《東方主義》基於本質主義的誤讀——似乎薩伊德在批評東方主義把東方與西方本質化的同時，力圖建構一種真正的、本真的「東方」。薩伊德重申了自己的反本質主義立場，並表明自己從未宣揚過什麼「反西方主義」。薩伊德指出：「這些關於《東方主義》的漫畫式替代令人不知所措，而本書作者及書中的觀點明顯是反本質主義的。我對一切如『東方』、『西方』這種分門別類的命名極為懷疑，並且小心翼翼，避免去『捍衛』乃至討論東方或回教世界」，「我並無興趣更沒有這種能力去闡明到底什麼是真正的東方，什麼是真正的回教世界。」像「東方」、「西方」這類詞語不是什麼「恆定的現實」，而是「經驗與想像的一種奇特的結合。」薩伊德師承維柯與傅柯的歷史學與知識論傳統，認為每種文化的發展和維持都需要某種對手即「他者」的存在，某種身分——無論是東方或西方——建構最終離不開確立對手和「他者」，每個時代、每個社會都一再

創造它的「他者」。然而，薩伊德強調：

> 自我或「他者」的身分絕不是一件靜物，
> 而是一個包括歷史、社會、知識和政治諸
> 方面，在所有社會由個人和機構參與競爭
> 的不斷往復的過程。

這也就是說，所謂身分、認同等都不是固定不
變的，而是流動性的、複合性的，這一點在文
化的交流與流通空前加劇、加速的全球化時代
尤其明顯。在這樣的一個時代，我們已經很難
想像什麼純粹的、絕對的、本真的族裔或認同
（比如「中華性」），構成一個民族認同的一些
基本要素，如語言、習俗等，實際上都已經全
球化，已經與「他者」文化混合，從而呈現出
不可避免的雜交性。我們只能在具體的歷史處
境中，根據具體的語境建構自己的身分。此可
謂後現代身分觀（認同觀）。

　　值得進一步追問的是：為什麼這些變動不
居、異常豐富的身分建構難以被人接受呢？為
什麼大多數人拒絕這樣一個基本信念：人的身

分不僅不是與生俱來的、固定不變的，而且是被建構的，有時甚至就是製造出來的？在薩伊德看來，根本原因是它「動搖了人們對文化、自我、民族身分的某種實在性及恆定的歷史真實性的素樸信仰。」因此對於《東方主義》的誤解的深層原因還在於：「人們很難沒有怨言、沒有恐懼地面對這樣的命題：人類現實處於不斷的創造和消解之中；一切貌似永恆的本質總是受到挑戰。」而這種對於永恆本質的執迷是愛國主義、民族主義與沙文主義的根源，也為東方主義者與回教教徒共同擁有。這樣我們就可以理解，為什麼薩伊德為解構本質主義（對於東方主義的解構本來就是為了解構這種本質主義）而撰寫的著作，卻被回教世界與中國的民族主義者用來建構一種新的本質主義——在中國就是「中華性」或「中華主義」。在這個意義上，第三世界的此類讀者與東方主義者擁有共同的預設（雖然立場相反）。

可見，不排除民族主義情緒，就很難不導致對於《東方主義》或後殖民主義的誤讀。對

於許多帶有民族主義情緒的第三世界讀者來
說，後殖民主義批評的特殊「吸引力」在於迎
合了自己心中的「本眞性」訴求以及民族復仇
情緒。正如薩伊德描述的，「我記得較早的阿拉
伯人的一篇評論，將本書作者形容爲一個阿拉
伯主義的擁護者，……他的使命是用一種英雄
的、浪漫的方式與西方權威徒手格鬥。這儘管
有些誇張，但確實表達了阿拉伯人長期遭受西
方敵視而產生的某種眞實情感。」中國的讀者
對於《東方》的熱衷在很大程度上也是如此。
這種閱讀同樣違背了薩伊德的初衷。他指出：
「我從不以爲自己在助長政治和文化上對立的
兩大陣營之間的敵意。我只是描述這種敵意的
形成，試圖減輕它所造成的嚴重後果」，「我的
目的，……並非是要抹煞差異本身──誰也不
能否認民族和文化差異在人與人關係中所起的
建設性作用──而是要對這樣一個觀念提出挑
戰：差異意味著敵意，意味著一對僵化而又具
體的對立的本質，意味著由此產生的整個敵對
的知識體系。」

二、雜交性與族裔散居

　　後殖民主義開始透過集中關注全球文化與身分的混合，追踪對於殖民遭遇的後民族解讀。在分析殖民者與被殖民者的相互滲透以及緊密關係方面，雜交性與族裔散居這兩個術語顯得特別重要。

　　從知識的系譜上說，「雜交性」這個概念可以追溯到法農。在《垂死的殖民主義》中，法農從一個角度把殖民壓迫解讀爲被殖民社會變革的催化劑。解殖民這個意料之外的事變急劇地動搖了被殖民社會中傳統的文化模式，反殖民鬥爭不斷變化的策略與對於一種新的後殖民的未來想像結合，導致了社會組織內部的危機。隨著舊的習慣讓位於意料之外的革命熱情的高漲，被殖民的社會開始服從於政治創新與文化變革的目標，「正是鬥爭的必然性在阿爾及利亞社會內部產生了新的態度、新的行爲模

式、新的方式。」（Fanon, 1965:64）與這個革命運動相應的是婦女的社會地位的變化、傳統家庭生活與價值觀念的修正。在這個時期，對於科學技術以及其他西方／殖民國家的現代性的傳統態度也發生了重要變化。雖然反殖民的民族主義促生了純粹起源與文化本真性的神話，但是實際上，正是外來統治原則的挑戰導致了被殖民者意識的變化，他（她）看待殖民者的方式、他對於自己在世界中的處境的意識也都發生了根本變化。

　　法農對於反殖民狀況的非靜態性與創新性的強調，引發了許多後殖民批評家的繼續研究，並產生了「雜交性」的概念。大多數的批評家集中關注以下的事實：解殖民的政治主體本身是一個新的主體，他們是兩種相互衝突的信仰系統的相遭遇、相激盪的產物。霍爾指出：

　　　　反殖民身分的起源不能簡單歸於一種純粹
　　　　的、靜態的本質。相反，它們是回應歷史
　　　　與文化上的斷裂與創傷這個偶然事變的產

物。(Hall, 1990)

芭芭也注意到，在反殖民運動中出現的政治實體常常是極為複雜多變的。他認為殖民遭遇的兩極（殖民者與被殖民者）必然被一個交流、商談與轉譯的「第三空間」(third-space) 所中介。反殖民的工程就是運作、實施於這個未定的空間或「雜交性的地帶」(place of hybridity)。在這個空間，「一個新的、超越了非此即彼的政治客體／對象的建構適當地疏遠了我們的政治期待，改變了我們認識政治意義的方式。」(Bhabha, 1994:4-6) 普拉特創造性地擴展了霍爾與芭芭的分析，認為殖民者與被殖民者同樣深刻地捲入了殖民遭遇的跨文化動力學，對於他來說，這種遭遇可以不那麼意氣用事地解讀為一種「接觸」(contact)，這種接觸所需要的是不同的意識形態語言與文化語言的言說者之間跨文化的新交流形式，一種相互之間身分的「混血兒化」(Creolisation)。(Pratt, 1992:4-6)

　　與「居間性」（in-between-ness）、雜交性相關的另一個重要概念是「族裔散居」。比起這個概念的地理涵義，後殖民主義批評總的來說更關注文化上的「流離失所」、「無家可歸」。雖然這個詞有時可以與「遷居」（migration）換用，但是它一般是用來質疑本質化的族裔認同與文化民族主義。它的學術價值與「雜交性」概念一樣在於解釋文化變異與文化不穩定性的過程。族裔散居的思想反對所有對意義與身分的固定不變性的看法，在這個意義上它顯然有著後結構主義的起源（參見下一節）。在後殖民主義的理論中，這個概念提供了思考殖民遭遇的另一種視角。在芭芭那裡，殖民主義被解讀為新的「非家」政治（the politics of unhomeliness）的煽動者。如果殖民主義強烈地質疑「家的」空間（"homely" space），它同時喚起一種抵抗形式，這種形式不能再在家庭的裂縫內部或原先住所內得到調節。在這個意義上，殖民主義促生了一種「無家可歸狀態」（unhomeliness），這種狀態是領土外的（extraterritorial) 與跨文化的創始行為的條件。族裔散居的思想在矛盾的、文化上被傳染的以及玷污的曖昧不清的流浪者形象身上得到典型表達，這個形象處於家庭（祖國）與世界之間。薩伊德說的流浪的、無家可歸的 (unhoused) 知識份子是一個「處於諸多領域之間、諸多形式之間、諸多家庭（國家）之間、諸多語言之間的政治形象。」(Said, 1993:403) 但是正如他自己承認的，所有散居異國他鄉的流浪者都沒有變成外在於機構的後殖民知識份子。周蕾指出，後殖民主義需要關注族裔散居的認識論意義，以便生產出移位的 (dislocated)、非領土化的知識形式。

　　族裔散居思想與雜交性觀念的結合在探索殖民者與被殖民者的相互轉化方面對於後殖民主義理論頗有裨益。近來的後殖民研究關注西方／殖民身分的重新形構與變化問題。克利福德的〈旅遊文化〉("Traveling Culture", 1992) 探索一種重新思考殖民主義的可能方式。在他看來，殖民主義不僅是定居的歐洲西

方人的民族主義，而且是一種有細微歷史差別
的旅遊文化。普拉特也認為，旅遊的經驗與敍
述是形構帝國身分／認同的根據。在殖民過程
中，殖民者的移居與文化雜交都產生了焦慮感
與無根感，導致自我認定的宗主國身分的動
搖。狄德羅（P. Dideror）與赫爾德（Herder）
對於分散民族的不自然聚合所導致的文化雜交
與人種混雜表示擔憂。值得注意的是，殖民的
檔案本身就記錄了在履行政府權力的時候要求
殖民者「顯得本土」（appear native）或「變
得本土化」（go native）的行政命令。而這些
「旅行」在被殖民國家的西方人士的「本土化」
還導致對於宗主國文化是否會因此被敗壞的擔
憂。歐洲的一些反殖民人士質問：在殖民過程
中，作為西方宗主國的文化怎麼能夠免受外國
的（非西方的）專制政治的影響？這種神經質
的擔心表明了存在帝國主義核心處的一個悖
論。

宗主國的中心與殖民地的邊緣之間這種令
人苦惱的相互關係，也可以表述為：宗主國不

能免於其自己的殖民實踐所導致的反向文化傳染，以文明化使命自居的殖民者在開化「他者」的時候也可能被「他者」所化。而且隨著被淪為奴隸的非西方勞動力移居到宗主國，也使得邊緣混入中心。有人觀察到，正是西方霸權的殖民行為使得非洲散落進西方世界（the scattering of Africa into the West）。隨後而來的、西方人所不希望看到的移民浪潮對於西方世界文化的靜態性與穩定性提出了更大的挑戰：殖民的向外之旅與後殖民的向內之旅的相遇。

　　被殖民的「本地人」形象是殖民意義的雜交化的檢測儀。由於殖民信念與本土主體的混合，宗主國的理解模式不可避免地被嚴重改寫乃至挫敗。芭芭認為被殖民的主體是無法規劃的。這種主體對於殖民的權略者有一種矛盾的態度：半是默許，半是對抗，但總是不信任。反殖民的民族主義的不穩定的聯合，不過是一個由各種差異構成的整體（unity of differences），透過表面的後殖民民族國家的標籤結

合在一起的是一個雜交的異質共同體。反殖民
共同體的內部差異性總是超出了後殖民民族的
假定的同質性。紀洛意（P. Gilroy）對於非洲
移民的研究出色地闡釋了無法控制的文化差異
性，這種文化差異性參與「黑人經驗」的建構，
因而所謂「黑人經驗」也不可能純粹的。後殖
民性的主體身分超越了族性的邊界，他們必然
具有「雙重意識」（Gilroy, 1993）。

三、反本質身分觀的理論資源

　　後殖民主義的反本質主義身分觀（或後現
代主體觀）以及雜交性概念都並非空穴來風，
它實際上是西方二十世紀諸多學術潮流共同促
成的。霍爾在其〈文化身分問題〉（"The Ques-
tion of Cultural Identity", 1994）一文中對於
現代主義身分觀、主體觀的消解，以及後現代
主義主體觀、身分觀的產生作出了系統的梳
理。他指出，現代社會中產生了一種新的、前

現代社會所沒有的個人主義形式，位於這種新
的個人主義中心的是一種新的個人主體及其認
同概念。現代性所宣告的思想文化轉型使得個
體擺脫了其對於傳統的靜態依附——這種依附
被認為是神聖地規定的，所以不從屬於本質性
的變化。人在「偉大的存在之鏈」(the great
chain of being) 中的固定地位淹沒了人是主
權個體 (sovereign individual) 的意識——這
一意識正是現代認同的核心。誕生於十六世紀
的人文主義與十八世紀的啓蒙主義之間的「主
權個體」觀念代表了與過去的重要決裂。有人
認為這是推動整個現代性社會系統的動力。這
種「主權個體」的身分觀念或主體（自我）觀
念認為：一方面，個體是不可分的，它是一個
內在圓滿的實體；另一方面它也是一個獨特
的、不可重複的實體。西方思想文化史上的許
多重大運動都對於這樣的個體概念作出了貢
獻，如新教革命（使得個體擺脫教會、直接面
對上帝）、文藝復興（使得人位於宇宙的中
心）、科學革命與啓蒙運動（擺脫了教條與偏狹

的理性的人）。

　　然而這種笛卡兒式的主體觀念在二十世紀
受到了極大的衝擊，其中最致命的衝擊來自下
述五大西方社會理論。

(一)馬克思主義理論

　　經典的馬克思主義認為，人創造歷史，但
是卻只能在不是他（她）創造的條件下創造歷
史。六〇年代的西方馬克思主義把這觀念理解
為：個體在任何真正的意義上都不是歷史的
「作者」或代理人，因為他（她）只能在非他
（她）自己創造的、但卻創造了他（她）的歷
史條件下活動。阿圖舍（L. Althusser）認為馬
克思主義取代了任何形式的個體能動性（indi-
vidual agency）概念，把社會關係而不是抽象
的人作為社會理論的中心。馬克思否定了西方
現代哲學中兩個關鍵的假設：

　　1.人具有普遍本質。
　　2.這個本質就是作為自己真正主體的每個

獨特個體的屬性。

阿圖舍的這一「理論的反人道主義」（一種反對人的普遍本質觀念的思維方式）對於現代主體思想具有巨大的衝突。

(二)潛意識與精神分析的理論

佛洛依德（S. Freud）認爲，我們的認同（身分）、性別與欲望結構是在心理與符號的潛意識過程中形成的，而潛意識是依據與理性迥然不同的方式發揮作用的。佛洛依德破除了具有固定以及整一認同的主體的觀念，這對於現代思想同樣是一個巨大的衝擊。拉岡（J. Lacan）認爲，認同不是天生的，而是透過潛意識的過程得以建構的。比如幼兒的自我形象是在與他者的關係中逐漸並艱難地習得的東西，而不是從內部自然產生的。幼兒在他者的目光（鏡子）中形成映像中的自我（itself reflected，被反映的自我）。這種「在他者的觀看中形成自我」的活動開啓了兒童與外在於他的符號

系統的關係，因而也是兒童進入各種符號再現系統（語言、文化、性別關係）的途徑。

　　與這種艱難的「進入」相伴隨的矛盾感與懸而未決感，在其自我的潛意識形構中是關鍵的方面，正是這種矛盾感與懸而未決感使得主體發生碎裂。有意思的是，雖然主體總是碎裂的，他（她）卻把自己經驗爲統一的、整合的。這就是認同的矛盾性的起源。也就是說，一方面總是存在著對於認同的統一性的幻想，另一方面，認同總是不完整的，總是處於過程之中（in process）與形成之中（being formed）。因而我們不應當談論什麼做爲業已完成之物的身分，而應當談論身分（認同）的形成過程（identification）。認同與其說產生於業已內在於個體自我的認同之充盈（fullness of identity），不如說產生於自我的內在整體性的闕如。

㈢結構主義與後結構主義語言學

　　結構主義語言學的創始人索緒爾（F.

Saussure) 認為，在任何絕對意義上，我們都
不是我們陳述的「作者」，或我們透過語言表達
的意義的作者。我們只有透過把自己放置在我
們文化的語言規則與意義系統之中才能用語言
來生產意義。語言是一個社會的系統而不是個
體的系統，它先在於我們。在任何簡單的意義
上我們不可能是語言的「作者」。言說一種語言
不只是表達我們的內在最深觸動（innermost）
或創造性的思想，同時也必然激活大量業已存
在的意義。而且詞語的意義並不與外在的世界
一一對應。意義產生於語言系統內的相似軸與
差異軸的關係，「夜晚」之為夜晚是因為它不是
「白天」。語言與身分的關係也與此相似。我在
與我所不是的「他者」（the other）──比如母
親──的關係中才知道「我」（I）是誰。就是說，
像語言一樣，身分永遠是一種被建構的東西，
它取決於與具體的他者的關係。德希達這樣的
現代語言哲學家認為，不管他或她如何努力，
個體的言說者永遠都不能固定（封死）意義，
包括關於她自己的身分的意義。詞語總是帶有

其他意義的回聲，不管你多麼想封閉意義。我
們所說的任何東西都有「之前」（before）與「之
後」（after）──其他人可能會書寫的邊緣。意
義是內在地不固定的，它力圖封閉（身分），但
是總是被差異擾亂，總是從我們身邊滑開，總
是存在我們不能控制的意義，它使得我們創造
固定靜態世界的企圖一再失敗。總之，我們必
須借助語言建構我們的認同，但是語言永遠不
會有固定的意義。

㈣傅柯的後現代主體理論

　　傅柯在他一系列的著作中建構了一種現代
主體的系譜學，他把一種新的權力類型──規
訓的權力（disciplinary power）──分離出
來，這種權力產生於十九世紀，並在二十世紀
被全面起用。這種權力體現為對於人（包括整
體的國民與單獨的個體，也包括靈魂與肉體）
的具體而微、無所不在的規範、監督與管制，
它的活動場所是在十九世紀發展出來的、主要
用以管制現代人的一些新機構，如工廠、學校、

監獄、醫院、兵營等。

　　規訓權力的目的在於把個體的生死、活動、工作、痛苦、快樂以及他們的身心健康、性實踐以及家庭生活置於嚴格的控制之下，把政體的權力、社會科學與人文科學的知識施加於他們身上，它的基本目的是生產一種可以被當作馴服的軀體（docile body）的人類。雖然規訓權力是晚期現代性的大量規範性的集體機構的產物，但它的技術包含了這種權力與知識的應用，這種應用進一步將主體「個體化」並逼近他或她的軀體。在一個規訓的王國中，所有用來控制人的機構與知識都個體化、肉身化了，權力不但把個體帶入馴服的領域，而且還將他（她）固定於知識與書寫的領域。一個龐大的文獻機構成了權力生長的基本構成，個體文獻使用的系統化方式的積累使得對於整個現象的把握（測定）、對於整個人口的控制成為可能。

㈤作爲理論批評與社會運動的女性主義

　　女性主義是與六〇年代的新社會運動
——晚期現代性的一大支流——一起出現的，
包括學生運動、反戰、反文化青年運動、公民
權利鬥爭、第三世界革命，這些歷史運動往往
訴諸其支持者的社會認同，所以女性主義訴諸
婦女，性別政治訴諸同性戀者，種族鬥爭訴諸
黑人，這就是認同政治——一種認同對應於一
種政治——的歷史性的出現。女性主義對於笛
卡兒的主體概念更爲直接的解構體現在：與傳
統的政治學把政治限於公共領域不同，女性主
義質疑「內」、「外」之間、「公」、「私」之間的
經典區分，它的口號是「個人的就是政治的」
(the personal is political)，從而把一個全
新的社會生活領域（家庭、性別、家務、家庭
中的勞務分工、孩子的撫養）引入政治論爭。
女性主義還提出了這樣一個政治與社會問題：
我們是如何被當作一個性別的主體被形構與生
產出來的。即是說它把主體性、身分及其形成

問題政治化：從挑戰婦女的社會地位到挑戰兩
性身分的形構。挑戰下列概念：男人與女人都
是同一種身分──人──的組成部分，代之以
性別差異的問題。

　　以上就是霍爾所總結的關於主體問題的理
論轉向──對於啓蒙主義主體的五次解構。這
一理論轉向的影響深遠的結果是從帶有固定靜
止身分的啓蒙主義主體，轉向開放的、矛盾的、
未完成的、碎片化的後現代主體的身分。

　　當然，我們否定本質主義的認同觀或族裔
觀，並不是要全然否定民族文化的差異性以及
建基其上的認同的差異性；問題的關鍵是：認
識差異的目的是爲了促進平等對話還是爲了製
造新的對抗？是尋求擴大價值共識還是加深價
值危機？如果我們把「本眞性」的標準絕對化，
那麼就必然會引發嚴重的價值危機與民族對
抗。這裡所謂的「絕對化」是指把族裔的標準
無條件地凌駕於其他價值標準之上，成爲文化
評價的最高的甚至唯一的標準（這裡涉及對於
差異政治的評價問題，它已經成爲當今多元文

化時代不可迴避的問題，但限於篇幅不擬展
開）。不同的文化認同之間之所以無法進行理
性的對話與溝通，更無法達成共識，除了情感
偏向與利益訴求等因素以外，主要是因為不同
文化認同的人持有一種本質主義的、一元的、
絕對的、非此即彼的主體性觀念、自我觀念與
認同（身分）觀念。為此，我們應當提出一種
流動主體性、多重自我與複合身分的概念，來
闡釋文化身分（認同）與語境之間的關聯性，
化解而不是加深文化認同危機。這種流動性的
文化身分概念將使得中國的知識份子得以在全
球化與文化多元主義的時代，在本土與西方、
現代與傳統、中華性與世界性、自由主義與民
族主義等之間進行靈活的選擇與穿越，在爭取
國際間平等文化關係與爭取國內自由知識份子
身分之間形成良性關係。

四、後民族倫理

　　然而，雜交性與族裔散居的概念不是沒有自己的局限。雜交與族裔散居都沒有從根本上動搖西方文化的主導地位。在任何跨文化對話中西方依然是享有特權的，看不到這一點就是另一種理論上的盲視與天眞。而且在不少學者看來，在宗主國內部對於文化「差異性」的多元文化主義修辭，巧妙地掩蓋了更加嚴重的政治經濟不平等。因此對於把雜交性當作唯一「開明的」對於種族壓迫的回應的觀點，後殖民主義者仍然保持警惕。以本質主義的話語爲基礎的對抗政治固然有其種種不足，但是如果雜交性話語要保持任何嚴肅的政治意義的話，它就必須承認對一些被壓迫的人民，在一定的條件下，鬥爭並不曾結束（L. Gandhi, 1998:136）。

　　當然，眞正的後民族的全球主義是有號召力的，但是這個號召力存在於一種烏托邦中，

即存在於想像一種透過雜交性語言表達的倫理
系統的努力中。那麼這個關於雜交性的後民族
倫理學 (the postnational ethics of
hybridity) 的特點是什麼呢？

　　殖民遭遇生產出了一種豐富的思想體系，
它關注的是結束所有機構化的壓迫這樣一個使
命。許多的此類思想開始於對於「西方文明」
的批判，但是在這樣做的時候，它的目的是從
事在西方理性內部的改革。所以甘地對於現代
性的毫不妥協的批判，強調的是一個非暴力的
社會對於西方社會以及非西方社會都具有的跨
文化的益處。他認為即使是西方殖民壓迫者也
必須從自己被敗壞的自我中解放出來，而且誰
也沒有比被壓迫者更加有資格從事這個使命
(Gandhi, 1990:253)。用法農的話說：「第三
世界的目的是解決歐洲解決不了的問題。」

　　南迪建議，我們所說的「後民族倫理」的
光明未來必須開始於把第一或第二世界中被壓
迫的或邊緣化的自我，當作反機構化壓迫的鬥
爭中的同盟。也就是說，透過認識到殖民的勝

利者與被殖民的犧牲者這兩個舊的對立雙方之間的勾連性 (articulation)，兩者之間的界線也就隨之被取代。這就對勝利者與犧牲者的互不相關的純粹身分提出了挑戰。後民族的倫理學產生了這樣一種認識：壓迫者本身也是他自己的壓迫模式的犧牲者，殖民行為的結果是使殖民者自己變得不文明。

這種對於殖民「勝利者」的受害一面的強調，當然並不是要否定殖民主義的罪惡，也不是要把直接遭受壓迫的人民的遭遇與殖民者的「遭遇」混為一談。相反，它的目的在於闡明一個複雜的跨身分認同系統 (a complex system of cross-identification) 或族裔雜交系統，正是這個系統把原先在政治上對抗的雙方聯繫在一起。殖民的犧牲者有時是壓迫系統的合作者，有時是競爭者。我們已經指出法農反對透過反殖民的文化本質主義修辭而得以延續的思想的種族化，反殖民的民族主義必然複製殖民主義的邏輯。殖民者與被殖民者都是殖民邏輯的犧牲者，所以南迪認為，殖民者與被殖

民者的身分是雜交的與不固定的。後民族／後
殖民的烏托邦只能開始於文明之間的聯合
——透過承認主人與奴隸之間的連貫性，

> 一個暴力的與壓迫性的社會生產出自己的
> 一部分特殊的犧牲者，並確保了在勝利者
> 與被征服者之間、手段與目的之間的連續
> 性。結果是這些人中沒有一個能夠保持純
> 粹。(Nandy, 1986:356)

後民族與後殖民的倫理是否只與殖民遭遇
有關？也就是說，它對於一般倫理個體的建構
是否同樣適用？里拉‧甘地對此持肯定的看
法。她認爲，後殖民倫理對於康德以來西方思
想界關於道德主體與價值的理解提出了批評。
衆所周知，康德的道德哲學假設了一個普遍必
然的倫理主體。成爲一個康德意義上的道德行
動者（moral agent），就必須嚴格擺脫人性中
的偶然性，擺脫所有與特定的環境相關的東
西。這個主體必須嚴格獨立於人的特定時空環
境中的欲望與屬性。這樣的一個超越而統一的

倫理行動者被認爲擺脫了其自身意識的異質性以及經驗的混亂性。社群主義的代表人物之一桑德爾（M. Sandal）在批評從康德到羅爾斯（J. Rawls）的這種主體假定時說：

> 與自己的利益保持距離的自我把自我放置在經驗範圍之外，使它變得刀槍不入，一勞永逸地把它的身分固定下來。(M. Sandal, 1982:63)

桑德爾認爲，事實上這個超驗而「純粹的」倫理行動者，最終還是居住在這個世俗經驗的世界上。這個世界沒有什麼純粹的東西，一切都已經或正在被汙染，而我們的價值感與道德特性就是建立在人類存在的這些正在「被汙染的附屬物」（contaminating attachments）之上的。我們是由我們生活的偶然性與矛盾性所構成的，現實中存在的、作爲倫理主體的人，必然是一個雜交體，適當的自我概念必然包括主體間的義務，這樣的自我把自己經驗爲一個包容性的（enbracing）而不是單一的人類存在。

我們必須承認任何特定自我的主體間的複雜性。對道德主體的適當描述總是指向人類存在內部的自我的複數性（plurality of selves）。在這種對康德的批評的視野中，後民族／後殖民的雜交倫理對於一般倫理思想是有用的。它對殖民的過去進行非暴力解讀的目標、它的文明之間的聯合以反抗機構化迫害的理想藍圖的確是有益的。後殖民批評向後民族主義修辭的轉向使我們居住的世界人道化了，而這當然不同於對殖民歷史的政治遺忘。

五、本真性幻覺：中國後殖民主義批評的誤區

　　上面我們介紹了西方後殖民批評在文化身分與族裔認同方面的最新研究成果，它致力於表明：任何一種純粹、本真、靜止、絕對的民族文化認同或族裔訴求（即所謂「本真性」訴求）都是不可思議的；而對於一種多重、複合、相對、靈活的身分或認同的把握，則需要我們

放棄基於本質主義的種種認同觀念（具體表現
為以我／他、中／西、我們／他們等一系列二
元對立模式），尤其是要拋棄狹隘民族主義情
緒──後者總是把一個民族的族性絕對化、本
質化，而用一種更加靈活與開放的態度來思考
認同問題。

　　遺憾的是，在中國大陸九〇年代的後殖民
批評中，恰好隨處可以發現本質主義認同觀念
乃至新冷戰意識的幽靈。中國大陸九〇年代的
後殖民批評常常在運用解構主義理論批評歐洲
中心主義與西方現代性的同時，又悖論式地持
有另一種本質主義的身分觀念與族裔觀念，把
中國的民族文化與所謂「本土經驗」實體化、
絕對化，試圖尋回一種本真的、絕對的、不變
的「中華性」，並把它與西方「現代性」對舉，
構成一種新的二元對立。從而告別「現代性」
的結果必然是合乎「邏輯」地走入「中華性」。
在這方面，〈從現代性到中華性〉（張法、張頤
武、王一川，1991）一文具有相當大的代表性。
一方面，該文在批評西方現代性與西方中心主

義的時候，訴之於後現代與後殖民理論，以中
國已經置於多元化、碎片化的、衆聲喧嘩的後
現代社會爲由，指斥「現代性」普遍主義話語
的不合時宜；而另一方面，卻又用這種「後現
代」的理論製造出一個新的民族主義話語，複
製著本質主義的中／西二元模式。正如有論者
指出的：

> 在中國的「後現代主義」文化批評中，後
> 殖民主義理論卻經常被等同於一種民族主
> 義的話語，並加強了中國現代性話語中那
> 種特有的「中國／西方」二元對立的話語
> 模式了。(同上)

結果是：用以解構西方「現代性」以及西方中
心主義等所謂「後設話語」(meta-discourse)
的武器 (後現代與後殖民理論)，終於又造出了
另一個貌似新穎實則更加陳腐的中心或後設話
語——「中華性」。換言之，反本質主義的後現
代與後殖民理論在中國最後演變爲一種更加陳
腐的本質主義 (華夏中心主義)。這只能表明，

中國式「後現代」與「後殖民批評」話語的操
持者離眞正的後現代精神還相當遙遠；同時它
也告訴我們，一種在西方第一世界是激進的學
術理論話語，在進口到像中國大陸這樣的第三
世界時，很可能會喪失它原有的激進性與批判
性。

　　這種以尋求純粹的族裔爲標誌的「本眞性」
訴求，也在九〇年代中國學界關於人文科學的
所謂「失語」恐慌中，鮮明而不乏滑稽地體現
出來。作爲一種對於中國知識份子自身文化境
遇與文化身分的一種自我診斷，「失語」論者斷
言中國的人文科學研究，乃至整個的中國文
化，都已經可悲地喪失了自己的話語，而其原
因則在於近現代以來中國文化的所謂自我「他
者化」（即西方化）。從這個意義上說，「失語」
論者與西化論者一樣延續了自我／他者、中
國／西方的二元論式，雖然在價值取向上迥然
不同。《文藝爭鳴》雜誌在一九九八年第三期推
出了一系列筆談「重建中國文論話語」，其「主
持人的話」曰：

在世紀末的反思中，中國文論界開始意識到一個嚴峻的現實：中國沒有自己的文論話語，在當今的世界文論中，完全沒有我們中國的聲音。……找回自我，返回文化的精神家園，重建中國文論話語成爲當今文論界的一個重要課題。

同期中李清良的文章〈如何返回自己的話語家園〉指出：「沒有自己的話語，也就等於說喪失了自己的精神家園。建設新的學術話語體系，其實質是向其固有的文化精神回歸。」這是「一種根本性的返家活動」那麼是誰導致了中國文論與文化的家園的喪失？一方面是西方文化霸權，另一方面，也是更爲重要的，是中國知識份子對於這種霸權的完全徹底的臣服，以及由此導致的對於傳統文化的徹底否定。(關於「失語症」與「重建本土話語」的討論還可以參見曹順慶、李思屈，〈重建中國文論話語的基本路徑及其方法〉，《文藝研究》，1996.2；曹順慶，〈二十一世紀中國文化發展戰

略與重建中國文論話語〉,《東方叢刊》,1995
年第3輯)因此,後殖民理論在中國不但被用作
對於西方的文化霸權的批評,更被用作對於中
國知識份子的所謂「自我殖民化歷史」的批判
(參見1993年第9期《讀書》上的那一系列介紹
薩伊德的文章)。

　　但是,當中國的知識份子在操著西方的後
結構主義、後殖民主義批評話語,用「中華性」、
「本土化」、「精神回歸」、「返家」這樣的術語
表達自己的文化認同訴求時,他們實際上在確
立一種新的東方／西方、中華性／現代性、第
一世界／第三世界的二元對立,或者說他們依
然在這樣一些二元對立的框架中思考文化認同
問題(因為沒有這樣一種二元對立模式,所謂
「他者化」或「失語」就是不可思議的),延續
並強化著一種本質主義的文化與族性觀念,後
者正是西方後殖民主義批評所要著力解構的
(下詳)。我之所以把這種「本真性」訴求稱之
為一種「幻覺」,乃是因為它實際上是中國知識
份子的一種虛構,而在這種虛構背後隱藏著的

則是一種新的冷戰意識與復仇欲望。

　　與上述本質主義的「本眞性」幻覺相關的
是另一種幻覺，即全盤西方化的幻覺。不管我
們在理論上是否贊成全盤西方化，它都絕對不
可能是一個社會歷史或文化上的事實。當然我
們不能否定由於現代性起源於西方，隨著現代
性的擴展，非西方國家也都不同程度地經歷著
西方化，這在文化交往空前頻繁的全球化時代
尤其明顯；但是非西方國家對於現代性的接受
同時必然伴隨對於西方現代性的重構與改造，
而不可能是什麼「全盤西化」（何況即使在「西
方」國家內部，現代化也有區別）。因此，認爲
中國的現代化就是西化，把中國的現代史概括
爲全面「他者化」的歷史（中國的後殖民主義
批評家幾乎一致地這麼認爲，參見〈從現代性
到中華性〉），或斷言中國的現代文論完全喪失
了自己的話語，並不完全合乎事實（只要翻翻
中國現當代的文藝理論教科書就可以發現，它
是一個集古今中西於一體的大拼盤，其中不僅
有西化的中國古代文論，也有中國化的西方文

論）。斷言「中國已經不是中國」或「中國文化已經沒有自己的話語」在很大程度上只是爲文化本眞性訴求製造的虛假前提（尋求「本眞性」必須先要論證「本眞性」已經全軍覆沒，重返家園的前提是「無家可歸」或「國破家亡」）。

　　文化交往的歷史必然是一個雙向的對話過程，儘管不同的國家因爲國力的差異不可能是文化交往中的平等對手，因而設想任何民族間的文化交往中不存在權力問題是幼稚的；但是一種完全徹底的「他者化」的情形，作爲一種價值態度或許是可以理解的，但作爲一種事實描述則是不可思議的。對於全球化也應當如此看待。一味地強調全球化的同質化方面必然忽視全球化同時也是一個異質化的過程。就拿今日國人憂心忡忡的所謂中國文化的「麥當勞化」來說，作爲一種西式快餐，麥當勞確乎已經遍佈中國的大中城市，這是一個顯然的事實。但是由此斷言中國文化的麥當勞化，乃至危言聳聽地驚呼殖民主義的捲土重來，只不過是一種情緒的宣洩，並沒有多少經驗的依據。因爲在

中國，所謂中國文化的麥當勞化是與麥當勞的
中國化同步發生的現象，在中國吃過麥當勞的
人想必都知道，中國人並不只是把麥當勞當作
一種速食快餐（吃完就走），他們常常攜家帶眷
或三五成群地在那兒邊吃邊聊。這種帶有獨特
中國文化特徵的用餐方式，必然使得麥當勞這
種起源於西方的快餐中國化。結果是中國的麥
當勞既不同於傳統的中國飲食文化，也不同於
它的西方「原型」──它是一種典型的雜交品
種。

第八章
後殖民理論的局限

　　後殖民主義的處境是微妙而充滿矛盾的，在政治上，它處於總體政治（the politics of totality）與碎片政治（the politics of fragment）之間；而在理論上，則處於馬克思主義與後現代主義、後結構主義之間。這種矛盾處境爲它帶來了一系列的理論局限。

一、關於後殖民主義的後設
　　敘事

　　後現代／後結構主義的評論家認爲後殖民主義正走在通往一種總體性的理論與方法的危

險道路上；而馬克思主義者與唯物主義批評家
則指責後殖民主義缺少方法論上的結構意識以
及總體化意志（will to totalise），而這種結構
與總體是左翼政治所必不可少的。這個爭論最
終涉及的是知識、倫理與政治在當代世界以及
人文學科中的狀況。

　　在一個極端，後殖民主義從普遍的視角研
究認識論與能動性之類問題，即與普遍的或全
球的「人類狀況」相關的問題；正像女性主義
批評把性別當成關於經驗的基本組織範疇一
樣，部分的後殖民主義者把殖民主義、特別是
歐洲的殖民主義，當作描述生活在今日世界的
四分之三人類的一個普遍範疇。這樣一個範疇
必然具有不可避免的化約論弊病。正如現在女
性主義已經認識到的，超越了階級向度與文化
歷史向度的「鐵板一塊」的「婦女」概念不能
解釋實際生活中真實存在的婦女，因為人的經
驗是被多種因素而不是單一因素（如性別或種
族）決定的。

　　後殖民主義延續了同一化的、無所不包的

殖民主義概念，這使得它在許多問題上不能自圓其說。比如，它不能解釋：並不具有共同的殖民經驗的文化或社會之間爲什麼存在相似性；同時也不能解釋：同樣是屬於殖民的或被殖民的社會之間爲什麼存在差異性。阿曼德指出，建構一個超歷史的、全球性的殖民主義範疇的結果，恰好是抽空這個範疇的具體意義，或把它擴展到如此空泛的程度，以至於我們無法談論特定的與殖民有關的問題（Ahmad, 1995）。當加拿大與澳大利亞的一些批評家認爲移民社會（settler societies）與殖民主義的關係相似於眞正的殖民地社會與殖民主義的關係時，這種意義的空洞性就更加明顯不過了。它的問題在於把不同社會中不同的獨立鬥爭及其特殊邏輯中性化。對於有些後殖民批評家來說，像孟加拉與澳大利亞這樣不同的社會被強行整合到一起，其理由則是所謂「它們的主體性是透過歐洲殖民主義的統治力量而建構的」這樣一個似是而非的普遍假設。這種「主體性」的觀念是抽象的，因爲它排除了具體的性別、

種族、階級與宗教等方面的差異。這種「主體
性」理論假定眞正的主體性是歐洲市民社會中
的個人主義的主體性，因而非歐洲市民社會的
人是沒有主體性或沒有成熟的主體性的，沒有
「個體」的屬性與能力的人（如婦女與黑人）
是沒有主體性的。查特基說：「（西方國家的）
政府承認的市民社會只是它們的那種市民社
會，被殖民的主體永遠不能是（與西方人）平
等的主體。」(Chatterjee, 1993b:24) 在這裡，
種族差異、性別差異與政治差異是同義的，這
樣與擁有市民資格特權與主體性特權的殖民者
不同，被殖民者只能作爲臣民而存在。因此在
印度，民族主義的鬥爭首先是爭取主體性的鬥
爭。

二、殖民主義的終結？

　　有些後殖民批評家認爲，後殖民主義最好
被理解爲一種歷史批判，這一主張引起了馬克

思主義與後現代／後結構主義之間的爭論。馬克思主義對於後殖民主義的無視歷史表示明確的蔑視，而其批評者則把馬克思主義也放進了他們所批評的歷史主義或歷史理性裡。

在許多的後殖民批評家看來，「歷史」是西方藉以肯定其統治世界其他部分的霸權話語。尤其是當我們考慮到黑格爾以來的西方歷史哲學把「歷史」與「文明」兩個範疇當作同義詞使用時，「歷史」的這一涵義就更加清楚了。而且在黑格爾的歷史哲學中，歷史與文明只存在於歐洲。歷史—文明—歐洲形成了一個具有連貫性的意義鏈。西方的帝國主義擴展在這個意義鏈中就被闡釋為西方國家把非西方國家帶入「歷史」的文明化進程。按照這個邏輯，殖民主義就是創造世界歷史的偉業，它把世界納入統一的「歷史」，也就是說，把世界變得像歐洲。後殖民主義／後結構主義對於這個問題的參與集中表現為對於這種宏偉的歷史敘事的質疑。如果說透過這個宏偉敘事，歐洲中心主義被「總體化」為對於所有人性的適當解釋，那麼相應

地，後殖民主義的歷史學則公開聲稱要透過「他者」的聲音瓦解／打碎這個解釋。

　　有些批評者則認為，特定版本的後殖民主義只是以另一種方式複製「普遍歷史」的解釋有效性。比如「後」（post）這個前綴詞就賦予中心詞「殖民主義」（colonialism）以歷史解釋的特權。也就是說，這個以「後」為前綴詞的造詞法恰好是肯定了中心詞「殖民主義」的普遍意義與特權地位，其他地方的文化只能因其與「殖民主義」的關係而進入歷史。儘管立場相反，但後殖民主義的歷史學悖論式地冒著把被殖民地世界的差異與選擇重新一體化的危險──強迫所有的時間與文化納入與殖民主義的用連字號「-」聯繫起來的關係中。也就是說，後殖民主義在語義上傳達出一種透過「殖民主義」這個單一範疇而歷史化了的世界觀念。在「殖民主義」的標題下複雜豐富的世界歷史被還原為簡單且無區別的強制─反抗的關係史。提芬（Tiffin）認為，後殖民主義由兩個「檔案」組成：一個是由歐洲殖民主義的統治力量生產

的，另外一個是由反抗殖民主義的話語實踐組成的。照這樣看，殖民主義提供了一個範疇，透過這個範疇，歷史作爲殖民壓迫與反殖民鬥爭的往返運動被連貫起來，並唯有這樣才變得可以理解。即使沒有人否定殖民的遭遇是以西方的統治與對這種統治的反抗的歷史爲標誌的，但是我們仍然應當承認這個歷史就統治與反抗雙方來說都是極其複雜、充滿差異的。

八〇年代的所謂「賤民研究小組」(subaltern studies group)對於後殖民歷史學提出的就是這樣的問題。他們認爲正是在官方機構（無論是殖民宗主國的官方機構還是後殖民民族主義的官方機構）中，歷史的複雜性與曖昧性被剝奪，代之以人爲建構的明晰性與結構性。在第三世界國家，官方檔案中記載的「歷史」常常不能解釋賦予人民政治（the politics of people）複雜曖昧性及其充滿矛盾的過程，這些包含了異質的、複數的鬥爭是那種旨在消滅異質性的官方解釋架構無法解釋的。在生產正規歷史的機構化領域，這些眞正複雜曖昧的歷

史之所以沒有被文件記載（undocumented）或
被故意篡改，原因之一是它們的性質、功能等
方面背離了官方的正統造反理念或新政權的意
識形態。

　　我們還可以補充說，後殖民的關於壓迫與
反抗的二元對立，不僅看不到被殖民者與殖民
主義之間既對立又互動的關係，看不到被殖民
者對於殖民主義的某些前提的贊同，同時也阻
礙了對於身處遊戲之外者（non-players）的民
族與群體的作用的認識。南迪用「身處遊戲之
外者」來指拒絕接受帝國主義世界觀的「另一
個」西方（the "other" West），也指能夠與這
個「另類的」西方共同生存的非西方世界。南
迪把這些非西方世界的主體分成參與遊戲者與
身處遊戲之外者，前者是透過西方的／殖民主
義的標準界定的，是西方的對手（遊戲的另一
方），正是他們依然處於普遍主義的統治模式
之內（Nandy, 1983:xiv）。然而後殖民主義對
於遊戲外人（西方的與非西方的）的忽略卻遮
蔽了他們數量眾多但又未被記錄的情感與歷史

（非暴力的歷史）。

　　最後，在後殖民主義透過劃時代的殖民主義的「終結」來確認自己的時候，它就變成了幼稚的烏托邦主義。後殖民的空想的「新世界」圖景透露出對於後殖民的創造性的盲目樂觀。事實上，這種新的所謂「創造性」與其說指向文化差異，不如說是殖民結構與本土過程相遇的產物。正如有人指出的，後殖民文學是帝國文化與本土實踐、帝國語言與本地經驗之間相互作用的結果。這些文學所使用的語言帶有內含的帝國結構以及西方語言、文化與本土的經驗、實踐之間的等級秩序。實際上，「後殖民主義」這個詞本身帶有沒有公開承認的對於線性時間觀念以及它所包含的發展理念的認可，線性時間的目的論承諾帶有進步與完美的雙重內涵，可以說「後殖民主義」一詞中的「後」注入了簡單的帶有進步烏托邦色彩的歷時連續性的意義，「後」表示告別，表示新的更好的世界的開始，它產生了一種徹底重新開始的歷史幻覺，一種徹底擺脫殖民影響的幻覺。這種關於

「得到了改進的、統一的世界秩序」的觀念，
既不能解釋當代社會中不斷增長的差異與矛
盾，也不能解釋殖民形式在全世界的繼續延
續。它也忽視了由跨國公司與國際勞動分工造
成的新殖民主義的問題。

參考文獻

英文部分

Ahmad, A. 1992. *In Theory: Classes, Nations, Literatures*. Oxford University Press.

——, 1995. "The Politics of Literary Post-coloniality," *Race and Class*, vol.36, no.3.

Anderson, B. 1991. *Imagined Communities: Reflections on the Origin and*

Spread of Nationalism. London.

Bhabha, H. 1994. *The Location of Culture*. London: Routledge.

Bloom, H. 1994. *The Western Canon: The Books and Schools of the Ages*. New York.

Chabran, A. 1990. "Chicana/o Studies as Oppositional Ethnography," *Cultural Critique*, vol.4, no.3.

Chatterjee, P. 1993a. *Nationalist Thought and the Colonial World: A Derivative Discourse*. London.

——, 1993b. *The Nation and Its Fragments: Colonial and Postcolonial Histories*. Princeton University Press.

Chow, R. 1993. *Writing Diaspora: Tactics of Intervention in Contemporary Cultural Studies*. Indian University Press.

Clifford, J. 1992. "Traveling Culture," in Lawrence Grossberg, Cary Nelson, and Pamela Treichler (eds) , *Cultural Studies.* New York: Routledge.

Deane, S. 1990. "Representing Authority in Victorian England," in E. Hobsbawn (eds) , *The Invention of Tradition.* Cambridge University Press.

Deleuze, G. & Guattari, F. 1986. *Kafka: Toward a Minor Literature.* Trans. by Dana Polan. University of Minnesota Press.

Dirlik, A. 1994. "The Postcolonial Aura: Third World Criticism in the Age of Global Capitalism," *Critical Inquiry,* vol.20.

Fanon, F. 1965. *A Dying Colonialism.* Trans. by Haakon Chevaliar. New York: Grove Press.

——, 1990. *The Wretched of the Earth.* Trans. by Constance Farrington. Harmondsworth: Penguin.

Foucault, M. 1980. *Power / Knowledge: Selected Interview and Other Writings, 1972-1977*. Harvester Press.

——, 1984a. *The Foucault Reader: An Introduction to Foucault's Thoughts*, ed. by Paul Rambinow. Harmondsworth: Penguin.

——, 1984b. "Nietzsche, Genealogy, History," *The Foucault Reader: An Introduction to Foucault's Thoughts*.

Gandhi, L. 1998. *Postcolonial Theory*. Allen & Uniwin.

Gandhi, M. K. 1938. *Hind Swaraj, Reprint*. Ahmedabad: Navjivan Publishing House.

Gendzier, I. 1973. *Frantz Fanon: A Critical Study*. New York: Pantheon.

Hall, S. 1989. "New Ethnicitise," *Black Film, British Cinema*, ICA Documents 7. London: Institute of Contemporary

Arts.

——, 1990. "The Emergence of Cultural Studies and the Crisis of the Humanities," *October,* vol.53.

——, 1994. "The Question of Cultural Identity," *The Policy Reader in Cultural Studies.* Policy Press.

Hobsbawm, E. J. 1990. *Nations and Nationalism Since 1780: Programme, Myth, Reality.* Cambridge University Press.

Lloyd, D. 1993. "Nationalism against the State: toward a Critique of the Anti-nationalist Prejudice," *Reexamining and Reviewing the Philippine Progressive Vision.* Quelon City: Diliman.

Lyotard, Jean-Francois. 1992. *The Postmodern Explained to Children: Correspondence 1982-1985,* ed. by Julian & Morgam Thomas. Sydney: Power

Publication.

Memmi, A. 1968. *Dominated Man: Notes Toward a Portrait*. London: Orion Press.

McClintock, A. 1995. *Imperial Feather: Race, Gender and Sexuality in the Colonial Contest*. London: Routledge.

Nairn. T. 1977. *The Break-Up of Britain: Crisis and Neo-Nationalism*. London: New Left Books.

Nandy, A. 1983. *The Intimate Enemy: Loss and Recovery of Self Under Colonialism*. Oxford University Press.

Pratt, M. L. 1992. *Imperial Eyes: Travel Writing and Transculturation*. London: Routledge.

Said, E. 1983. *The World, the Text and the Critic*. Harvard University Press.

——, 1993. *Culture and Imperialism*. London: Chatto & Windus.

Sandal, M. 1982. *Liberalism and the Limits of Justice.* Cambridge University Press.

Spivak, G. 1990. *The Postcolonial Critics: Interviews, Strategies, Dialogues.* ed. by Sarah Harasym. New York: Routledge.

——, 1987. "French Feminism in an International Frame," *In Other Worlds: Essays in Cultural Politics.* New York: Methuen.

——, 1993. *Outside in the Teaching Machine.* New York: Routledge.

Todorov, T. 1993. *On Human Diversity: Nationalism, Racism, and Exoticism in French Thought.* Harvard University Press.

Trinh, T. Minh-ha. 1991. *When the Moon Waxes Red: Representation, Gender, and Cultural Polities.* New York:

Routledge.

Trivedi, H. 1993. *Colonial Transaction: English Literature and India.* Calcutta: Papyrus.

West, C. 1990. "The New Cultural Politics of Difference." *October*, vol.53.

中文部分

J・哈貝馬斯（哈伯瑪斯），《認識與興趣》，學林出版社（上海），1999年。

M・海德格爾（海德格），〈關於人道主義的書信〉(1946)，見孫興周編，《海德格爾選集》上冊，上海三聯書店，1996年。

劉康、金衡山，〈後殖民批評：從西方到中國〉，《中外文化與文論》第四輯（成都），1997年。

G・斯皮瓦克（史碧娃克）：〈賤民能夠說話嗎？〉，1985〔1988〕，見羅剛等編，《後殖

民主義文化理論》，中國社會科學出版社
　　（北京），1999年。

賽義德（薩伊德），〈東方不是東方〉，《天涯》
　　（海南），1997年，第4期。

張法等，〈從現代性到中華性〉，《文藝爭鳴》
　　（長春），1994年，第2期。

文化手邊冊　48

後殖民主義

作　　　者／陶東風
出　版　者／揚智文化事業股份有限公司
發　行　人／葉忠賢
總　編　輯／林新倫
執行編輯／晏華璞
登　記　證／局版北市業字第 1117 號
地　　　址／台北市新生南路三段 88 號 5 樓之 6
電　　　話／(02)2366-0309
傳　　　真／(02)2366-0310
ＩＳＢＮ　／957-9272-60-3
網　　　址／http://www.ycrc.com.tw
E-mail／book3@ycrc.com.tw
郵撥帳號／19735365
戶　　　名／葉忠賢
印　　　刷／偉勵彩色印刷股份有限公司
法律顧問／北辰著作權事務所　蕭雄淋律師
初版一刷／2000 年 2 月
初版三刷／2003 年 2 月
定　　　價／新台幣 150 元

國家圖書館出版品預行編目資料

後殖民主義 ＝ Postcolonialism / 陶東風著.-
- 初版. -- 台北市：揚智文化, 2000 [民89]
面； 公分. -- （文化手邊冊；48）

ISBN 957-818-079-9（平裝）

1. 政治 – 哲學, 原理

570.11 88016576

文化民族主義

文化手邊冊 35

作者：郭洪紀

策劃：孟樊

定價：150

在當今世界，文化民族主義已經成為一種強勢性的政治潮流，它的潛在影響力，不僅導致了分裂半個世紀之久的中歐大陸的重新組合，也促進了一度牢不可破的東歐帝國之迅速瓦解。這股強勢性的政治潮流，亦將取代或加強東西方原有意識形態的對抗，成為新的文化融合或文化衝突的根源。本書的出版，盼為台海兩岸未來的走向提供一深思的基礎。

後現代主義

文化手邊冊 46

作者：鄭祥福

策劃：孟樊

定價：150

　　關於後現代主義的著作，或許已是汗牛充棟，然而大多數的介紹，不是過於膚淺，就是過於艱澀，使得有心想瞭解後現代主義的讀者往往不得其門而入。本書即是針對上述弊病而發，作者不僅準確地概括了後現代主義的基本精神，並透過闡釋後現代主義在造型藝術、建築、繪畫、音樂、電影等各方面的具體表現，清楚地呈現後現代主義的特徵。作者在書中所舉的例子——如「侏羅紀公園」、「第六感追緝令」等，皆是我們耳熟能詳的。